이 책을 발간할 수 있도록 인도하시고 지혜를 주신

성령님께 감사드립니다.

"태초에 하나님이 천지를 창조하시니라" (창세기 1:1)

천문학과 생물학적 관점에서 본
창조론

김동찬 지음

좋은땅

이 책의 저자이신 김동찬 박사를 처음 만난 것은 약 20여 년 전 일본의 카나가와켄의 야마토시에서 개척교회인 야마토 침례교회를 담임한 지 4년 정도 되었을 때였다. 김 박사께서 일본에 천문학 연구차 와서 주일 날 하나님께 예배하기 위하여 마침 제가 섬기는 교회에 방문한 것이었다. 예배 후에 인사를 하면서 김 박사께서는 그리스도인 천문학 박사라는 것을 알게 되었다.

그때까지 나는 천문학에 대하여 아무런 조예도 없었지만 천문학자의 지식과 신앙에 대하여 약간의 호기심이 들었다. 그래서 혹시 천문학자로서 교회에서 세미나를 할 수 있는지 여쭈어보았다. 개척교회라 그간 외부 강사를 모신 적도 없었기에 뭔가 새로운 집회나 세미나를 열면 성도님들도 신선한 경험을 할 기회가 될 거 같았기에 한번 가볍게 부탁을 한 것이었다. 김 박사께서는 이미 일부 교회에서 본인이 이러한 세미나를 하신 경험이 있으시다고 하셨다. 날짜를 정하였고 간단하게 만든 포스트를 시내의 몇 군데 게시판에도 붙여서 홍보도 하여 일본인들도 초청하여 천문학적 관점에서의 신앙과 창조론에 대하여 일일 세미나를 하게 되었다. 상가 건물 2층의 좁은 교회당에 우리 교회 성도님들과 몇 명의 일본인들이 참석하였지만 김 박사는 정성을 다하여 세미나를 인도하여 주었다.

이 세미나를 통하여 참석한 이들은 깊은 감명을 받았는데 특히 나에게 이 세미나는 큰 감동으로 다가왔다. 이 감동으로 나는 김 박사의 이 세미나를 좀 더 많은 사람들이 참여하여 들었으면 하는 바람이 있어 기회를 찾아보았다. 마침 카나카와켄의 침례교회 목회자들의 정례 모임에서 만나서 잘 알고 지내던 히라츠카시에 있는 침례교회의 일본인 카지이이 요시로 목사님은 매년 연말에 시민들을 대상으로 교회당이 아닌 시내의 큰 극장이나 강당을 빌려서 수많은 시민들을 초청하여 시민 크리스마스 공연을 개최하고 계셨는데 김 박사의 세미나를 소개하여 드렸다. 그해 연말에 김 박사는 기꺼이 미국에서 일본으로 와서 수많은 히라츠카 시민들 앞에서 천문학적 관점에서의 창조론에 대한 세미나를 인도하여 주셨다.

김 박사의 세미나에서 나에게 온 변화는 인간으로서 나의 생명과 내 주위에 늘 당연히 존재하고 있는 것들로 무심하게 여겨 온 것들, 무관심하게 대하여 온 것들이 얼마나 귀하고 소중한지를 새롭게 보는 눈이 열렸다는 것이다. 이것은 내가 십 대 후반 처음 주님을 만나서 내 영혼이 거듭남으로 나의 영안이 열려 만물을 새롭게 보게 된 큰 감동과는 또 다른 차원의 자연과 생명에 대한 나의 심령의 눈이 열리는 순간이었다.

이 크고 큰 우주에 흩어져 있는 무수한 은하들과 그 속의 수많은 행성들 가운데 이 지구라는 작은 행성이 특별히 선택되어 생명체가 존재하는 환경으로 창조주에 의하여 세밀하게 준비되고 보존되어 관리되고 있다는 것이 얼마나 경이로운 일인가? 이 지구 속의 모든 생명체들은 또 얼마나 소중하고 귀한 것들인가? 길을 가다 무심코 밟고 가는 풀 한 포기, 땅 위에 기어다니는 개미 한 마리도 얼마나 귀하고 소중한가? 그 속에 하나님의 형상으로 지음 받아 만물의 영장으로 살아가는 인간인 나는 누구이며 무엇이길래 이렇게 존귀한 존재로 빚어져 살아가고 있을까?

김 박사의 세미나에서 내가 받은 감동과 자각은 평생을 배우는 자로 살고 싶어 하는 내가 배우고 경험한 것들에게서 느낀 신선한 감동들이나 만족감과는 비교될 수 없는 것들이었다. 왜냐하면 그의 세미나는 단지 현대 천문학적인 연구 결과만을 소개하는 것을 넘어서서 우리 생명 자체의 근원지로 청중들을 이끌어 가서 크고 크신 하나님에 대한 경외감과 아울러 생명체의 가치와 그 숭고성을 보게 하기 때문이다.

나에게 지금까지 진한 여운으로 남아 있는 김 박사의 세미나는 20여 년 전에 개최된 것이었고 또 제한된 시간 속에 전하여진 것이었다. 이 책에서 김 박사는 그때 세미나에서 발표한 내용들을 자세하게 설명하며 그간 연구하고 수집한 과학적 자료들을 추가로 포함하여 기술하고 있다. 또한 그가 가진 신앙으로 독자들을 창조주 하나님의 인류를 향한 영원한 구원의 계획인 복음을 받아들이도록 초청하고 있다.

아브라함 J. 헤셸은 그의 유명한 책 《사람을 찾는 하나님》의 4장 경이로 움에서, 현대인들은 문명이 발전함에 따라 모든 것은 과학으로 설명이 가능하다고 생각하여 모든 사물을 당연하게 여기는 것이 보편화되어 가므로 경이감이 사라지는 것이 이 시대정신의 한 특색이 되어 가고 있다고 지적하고 있다. 자연과 존재에 대한 경이감이 삶에 대한 감동과 감사를 불러일으킬 것이며 숭고한 경이로움을 느끼는 감정이 신앙으로 인도하는 첫걸음이 될 것이라고 하였다. 또 그는 말하기를 '우리 행복의 시작은 경이로움이 없는 삶은 살 가치가 없다는 것을 이해하는 데 있으며 우리에게 부족한 것은 믿고자 하려는 의지의 부족이 아니라 경이로움을 느끼고자 하는 의지의 부족이다'라고 말하고 있다.

아무쪼록 독자 여러분들이 이 책을 통하여 제가 받은 동일한 감동으로 창조주 하나님에 대한 경외감과 그분이 창조하신 만물을 바라보는 경이로움의 눈이 열리며 여러분과 만물에 대한 하나님의 크고 놀라운 사랑을 깨닫는 기회가 되기를 바라 마지않는다.

박환철, 야마토 침례교회 목사, 일본 선교사(2000-2006)

생명의 기원에 대한 주장으로 창조론은 이제 더 이상 대부분의 지식인들이나 일반인들에게는 받아들여지지 않는 시대에 우리는 살고 있다. 다윈의 진화론이 학문의 대세를 이루고 있는 이 시대에 그리스도인들이 붙들고 있는 창조론은 그들의 신앙적인 신념에 의하여 놓치지 않으려고 간신히 붙들고 있는 비과학적이고 불합리한 주장처럼 여겨진다. 또 일부 사람들이 주장하는 지적 설계론조차 창조론을 주장하기가 조심스러워 새로운 이름으로 내걸고 있는 것처럼 비쳐진다.

이러한 현실에도 불구하고 창조론을 믿는 과학자들이 여전히 있으며 그들은 지질학, 생화학, 유전공학, 생명공학, 뇌과학 등의 여러 연구를 통하여 진화론의 한계를 드러내며 생명의 기원에 대하여 창조론을 주장하고 있다. 또한 다양한 기독교 변증학자들도 창조론을 주장하는 여러 근거들을 내어놓고 있다. 이들의 주장은 상당한 근거를 가지고 있기에 그리스도인들이 들어볼 때는 수긍할 부분들이 많다.

하지만 아쉬운 점이 없는 것은 아니다. 예를 들면 젊은 지구 창조론과 같은 주장이다. 젊은 지구 창조론자들이 성경을 근거로 주장하는 것과 현대 과학에 의하여 분명히 밝혀진 태양계와 지구의 생성 역사 사이에는 너무나 큰 괴리가 존재한다. 그 결과는 창조론이 많은 이들에게 터무니없는 주장으로 외면당하게 하고, 진화론으로 교육받은 젊은이들에게 성경의 이야기는 신화적인 이야기로 무시당하게 하는 결과를 가져오고 있다.

이런 문제들과 창조론이 외면받는 상황을 해결하기 위하여 천문학적 관점에서 우주, 지구, 생명체의 기원을 생각해 보고자 하며, 이러한 사실들이 성경의 기록과는 어떻게 조화를 이루는지 살펴보고자 한다.

이 책에서 다루고자 하는 주제는 크게 3가지이다.

1) 우주의 창조와 창세기의 창조 이야기

2) 지구는 우주에서 얼마나 특별한 행성인가?

3) 창조인가? 진화인가?

첫째, 우주의 창조와 창세기의 창조 이야기를 논하기 위해 먼저 우주의 모습과 그 광대함을 간략하게 소개할 것이다. 그리고, 최신 천문학적 연구에 의해 밝혀진 우주의 창조와 우주의 운명에 대해 살펴볼 것이다. 그 후, 여러 종교에서 나타난 우주의 창조와 성경에 기록된 우주의 창조를 살펴보고 이 기록들이 천문학적으로 밝혀진 우주의 창조와 부합하는지 알아볼 것이다. 지구와 태양의 창조, 일부 창조론자들이 주장하는 지구 나이가 6천 년에서 1만 년이라고 하는 젊은 지구 창조론, 그리고 미세 조정된 우주에 대해서도 살펴보고자 한다.

둘째, 케플러 우주 망원경으로 확인되었듯이 우주에는 수많은 행성들이 존재하고 있다. 그렇다면 우리 지구는 이 수많은 행성들 중 하나에 지나지 않은 평범한 행성인가 아니면 생명체의 생존을 위해 절묘하게 창조된 행성인지 지구의 10가지 특별한 천문학적 사실들을 통하여 알아보도록 하겠다.

셋째, 생명체의 기원에 관한 창조론과 진화론에 대한 주장을 알아보고자 한다. 생명체의 자연 발생 가능성에 대한 논의를 통하여 진화론이 타당한지 생각해 보고자 한다. 생명체의 환경 적응에 대한 논의를 통하여 다윈의 이론이 진화론으로 불려야 하는지 환경에 대한 유전적 적응론으로 불려야 하는지, 입자 물리학적 측면에서 바라본 창조론, 그리고 지적 설계론에 대해서도 살펴볼 것이다. 또한 다윈의 진화론 주장처럼 유인원에서 인간으로 진화가 가능한지, 외계인은 존재하는지, 동물의 본능과 자연계에서 발견되는 수학을 통해 창조를 조명해 볼 수 있는지에 대해 알아보도록 하겠다.

마지막으로 여러분을 신앙으로 초대하고자 한다. 현세대는 물질 만능과 수많은 미디어의 물결 속에 정신 세계가 가스라이팅 되고 인간 본연의 숭고함과 가치 있는 삶의 기준이 사라지고 있다. 이런 세대 속에서 "나는 어디에서 왔으며 어디로 가고 있는가?"라는 존재론적인 질문을 한번 던져 본 독자가 있다면 그에 대한 해답으로 영원한 가치를 지닌 복음을 그들에게 소개하고자 한다.

독자들이 이 책을 통하여 생명의 기원이 어디로부터 왔으며 이 지구상의 모든 생명체가 얼마나 소중한 것인가를 다시 생각하고 이 모든 것을 창조하시고 보존하시는 창조주에 대한 경외감을 갖게 되는 계기가 되었으면 하는 바람이다.

이 책의 추천사를 써 주시고 책의 초고를 처음부터 끝까지 읽고 세심한 수정과 필요한 내용 보충을 해 주신 캘리포니아 브리지 한인교회 박환철 선교사님, 성경과 천문학에 대한 많은 대화를 통해 책 발간 동기를 부여하신 김용철 목사님, 김종국 목사님, 김현아 자매님, 지적 설계 아티클 인용을 허락하신 이승엽 교수님, 파브르 곤충기 그림 인용을 허락하신 이종은 교수님, Laniakea supercluster 게재를 허락하신 Brent Tully 교수님, 책 출판을 위해 수고하여 주신 좋은땅 출판사 관계자님들께 감사를 드린다.

미국 버지니아에서 김동찬

이 책은 얼마 전 발간되었던 《천문학적 관점에서 본 창조론》의 내용 중 미진한 부분이 있어 그 부분을 보충하여 새롭게 발간된 책이다.

1장 "우주의 구조와 기원", 그리고 2장 "하나님의 걸작품 지구" 부분은 큰 변화가 없지만 3장 "창조론과 진화론" 부분은 조금 수정이 되었는데 특히 '최초의 생명체는 지구상에서 어떻게 나타났는가'와 '지적 설계론' 부분이 새롭게 쓰여지고 수정 보완되었다. 수정 보완 작업에 여러가지로 도움을 주신 캘리포니아 브리지 한인교회 박환철 선교사님, 최경주 화공학 박사님, 샬러츠빌 블루진 한인교회 담임이시자 생물학 박사님이신 임준석 목사님, 이미지 작업에 도움을 준 큰아들 사무엘, 작은아들 다니엘에게 감사를 드린다.

이 책을 통해 창조주 하나님의 창조 사역에 대한 이해가 더욱더 깊어졌으면 하는 바람이다.

목차

✦1

우주의 구조와 기원   **015**

하나님의 결작품 지구

창조론과 진화론　　　　　　　　　　　　　　**087**

*4

신앙으로의 초대

우주의 구조와 기원

어릴 때 시골에서나 깊은 산속에 야영을 하면서 밤하늘에 반짝이는 수많은 별들과 먼 하늘의 하얀 구름대와 같은 은하수를 본 기억을 가지고 있을 것이다. 어떤 때에는 밤하늘을 가르며 내려오는 별똥별이 떨어지는 모습을 본 경험도 있을 것이다.

밤하늘의 별들을 보면서 떠오르는 의문과 감상은 사람마다 다양하겠지만 보편적으로, 저렇게 수많은 별들을 누가 저기 두었으며 언제부터 존재하였을까? 누가 이 모든 것을 만들었을까? 아니면 시작도 끝도 없이 원래부터 존재하는 것일까? 저 넓은 우주의 끝은 어디일까? 등등의 의문을 가질 것이다.

이 장에서는 우주의 구조를 알아보고 천문학적으로 밝혀진 우주의 창조가 창세기에 기록된 우주의 창조와 어떻게 부합하는지 살펴보고자 한다. 그후, 지구와 태양의 창조, 젊은 지구 창조론, 그리고 미세조정 우주에 대해서도 살펴보고자 한다.

a. 우주의 층상 구조

우주의 기원을 논하기 위해 먼저 우주가 어떤 모양이고 어떤 스케일을 가졌는지 알아보자. 가까운 태양계로 시작하여 우리 은하, 외부은하, 은하단, 초은하단 그리고 우주의 끝까지 나아가 보도록 하겠다.

i. 태양계

'태양계'란 태양으로 불리는 별(항성)과 그 주위를 공전하는 8개 행성, 화성과 목성 사이의 소행성대, 명왕성이 포함된 카이퍼 벨트, 그리고 맨 마지막에 위치한 오르트 구름으로 구성되어 있다. 여기서 별이란 핵 융합 반응에 의해 자기 스스로 빛을 내는 천체를 말하며, 행성이란 스스로 빛을 내지 못하지만 별에서 오는 빛을 반사하여 밝게 빛나는 천체를 말한다. 행성은 대부분 암석으로 이루어진 지구형 행성과 대부분 가스로 이루어진 목성형 행성으로 나눌 수 있다. 우리 지구는 태양으로부터 3번째 위치한 지구형 행성이다.

지구에서 달까지의 거리는 38만 4천km이고 시속 1000km의 비행기로 가면 16일이 걸린다. 반나절이면 한국에서 미국까지 가니까 그렇게 먼 거리는 아니다. 지구로부터 태양까지의 거리는 약 1억 5천만km이며 비행기로 가면 17년이 걸리니 조금 멀게 느껴진다. 천문학에서는 지구에서 태양까지의 거리를 1 천문단위로 정의한다. 이 천문단위를 쓰면 맨 바깥에 위치한 행성인 해왕성까지는 30 천문단위, 카이퍼 벨트는 30-50 천문단위, 오르트 구름까지는 2,000-50,000 천문단위가 된다.

우리가 관측하는 혜성들은 단주기 혜성과 장주기 혜성이 있다. 단주기 혜성은 카이퍼 벨트의 물체가 섭동을 받아 태양의 중력에 이끌려 오는 것이고 장주기 혜성은 오르트 구름의 물체가 섭동을 받아 태양의 중력에 이끌려 오는 것이다. 혜성들이 그렇게 먼 거리에서 태양을 방문하기에 이심률이 큰 타원 궤도를 가지게 된다.

빛의 속도로 달리면 지구로부터 태양까지는 8.3분, 해왕성까지는 4시간, 태양계 끝까지는 9개월 반 또는 0.79광년(1광년 = 빛이 1년 동안 달리는 거리)이 걸린다. 시속 1000km의 비행기로 가면 약 85만 년이 걸린다.

태양의 크기는 지구의 109배, 부피는 1,303,500배, 무게는 지구의 333,000배 정도이고 자전 주기는 약 25일이다.

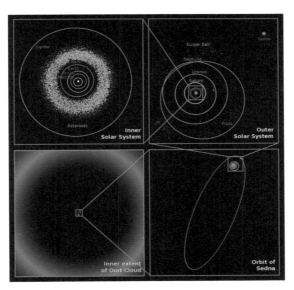

내행성(좌상), 외행성과 카이퍼 벨트(우상),
태양계 가장 먼 천체인 세드나 궤도(우하), 오르트 구름(좌하)

ii. 별의 세계(항성계)

오르트 구름을 벗어나면 이제 별의 세계로 들어간다. 지구에서 가장 가까운 별은 '프록시마 센타우리'라는 별이고 크기는 태양의 14%, 질량은 태양의 12%, 거리는 약 4.2광년 떨어져 있다. 시속 1000km 비행기로 간다면 약 457만 년이 걸린다.

우리가 밤하늘에 보는 반짝이는 별들은 자세히 보면 여러 색깔의 별들이 있다는 것을 알게 된다. 별의 색깔은 별 표면의 온도에 따라 달라지는데 온도가 낮으면 붉은색을 온도가 높으면 청백색을 띠게 된다. 대장간에서 무쇠를 달구면 처음에는 붉은색을 띠다가 온도가 올라가면 노란색으로 그리고 온도가 더 올라가면 청백색으로 변하는 것과 같은 이치이다. 오리온 자리의 알파성인 베텔규스는 붉은색을, 우리 태양은 노란색, 그리고 사냥개자리의 알파성인 시리우스는 청백색을 띠고 있다. 이런 차이를 가져오는 가장 근본적인 요인은 별의 질량이며 별의 진화과정을 결정하는 것도 별의 질량이다.

별의 질량이 작으면 오랫동안 핵융합 반응을 하고 질량이 크면 빠른 속도로 핵 융합 반응을 한다. 별이 핵연료를 다 쓰고 도달하는 마지막 단계는 백색왜성, 중성자별, 또는 블랙홀이다. 별이 적색거성 단계를 거친 후 중심부 질량이 태양의 약 1.4배 이하인 별들은 중심에서의 헬륨 핵융합 반응 이후 계속 수축해서 백색왜성이 되며 껍질은 팽창하여 행성상 성운이 된다.

중심부 질량이 태양의 약 1.4배 이상이고 3배 이하인 별들은 중심부에서 양성자가 전자와 결합하여 중성자 별이 되고 껍질은 격렬하게 폭발하여 초신성이 된다. 중심부 질량이 태양의 3배 이상인 별들은 강력한 중력으로 인해 중심부가 중성자 별을 거쳐 블랙홀이 된다. 폭발한 초신성의 잔해가 모여 중력적으로 수축하면 다시 새로운 별들이 만들어진다.

현재 우리가 육안으로 볼 수 있는 별의 개수는 도시에서는 백 개 정도, 시골 오지에서는 천 개 정도 볼 수가 있다. 이러한 별들은 대부분 지구로부터 약 50광년 이내에 있는 아주 가까운 별들이다.

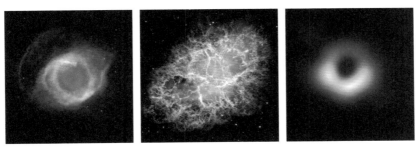

행성상 성운(NGC7293), 초신성 잔해(게성운), 블랙홀(M87)

iii. 우리 은하

우리 은하는 막대 나선은하로 분류되며 약 2천억-4천억 개 정도의 별이 모여 있다. 크기는 지름이 약 10만 광년이고 두께는 약 1천 광년이다. 태양은 은하 중심으로부터 약 2만 6천 광년 떨어져 있으며 약 2억 1천만 년 주기로 은하 중심을 공전하고 있다. 태양계는 페르세우스 팔과 방패-센타우르스자

우리 은하. 태양계의 위치를 보여 준다.

리 팔 사이에 위치해 있으며 은하면에서부터 약 60광년 위쪽에 있어 어느 방향을 보더라도 우주를 잘 관측할 수 있는 전망 좋은 자리에 위치하고 있다.

iv. 은하, 은하단, 초은하단의 세계

　우리 은하를 벗어나면 은하들의 세계가 펼쳐진다. 우리에게 가장 가까운 은하는 안드로메다 은하이며 거리는 약 250만 광년이 된다. 육안으로 관측이 가능하며 우리 은하와 비슷하게 생겼다. 안드로메다 은하는 초당 약 110km의 속도로 우리 은하로 접근하며 약 40억 년 후에는 우리 은하와 충돌할 것으로 예상된다. 은하를 시각적 형태로 분류하면 나선은하, 타원은하, 그리고 불규칙 은하로 나눌 수 있다. 두 개의 나선은하가 충돌하면 밝은 적외선은하(Luminous/Ultraluminous Infrared Galaxies)를 거쳐 타원은하가 만들어진다.

나선은하(M31, 좌), 타원은하(M87, 중), 비정형은하(IC4710, 우)

　50개 미만의 은하들이 중력적으로 모여 있으면 은하군(Group of galaxies)이라 부르고 수백 내지 수천 개의 은하가 모여 있으면 은하단(Cluster of galaxies)이라 부른다. 우리 은하와 안드로메다 은하 등 가까운 40여 개의 은하들은 국부 은하군(Local Group)에 속하며, 국부 은하군과 처녀자리 은하단(Virgo Cluster)은 처녀자리 초은하단(Virgo Supercluster)에 속하고, 처녀자리 초은하단은 그보다 더 큰 라니아케아 초은하단(Laniakea Supercluster)

에 속한다. 초은하단은 우주에서 관측되는 가장 큰 천체이다. 관측 가능한 우주 내에서 발견되는 은하의 개수는 약 2천억 개이며 그들이 포함된 우주의 크기는 약 9백 30억 광년이다.

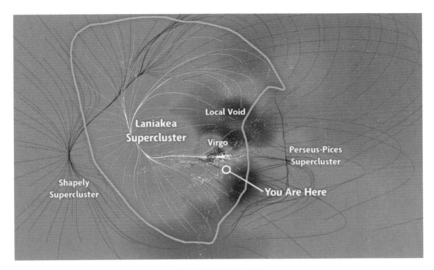

라니아케아 초은하단

b. 우주의 창조

우리가 살고 있는 우주는 어떻게 시작되었을까? 시작도 없이 영원 전부터 그냥 존재하고 있는 것일까? 아니면 창조주에 의해 창조되었을까? 누구에게나 궁금한 이 문제를 의논하기 위해 먼저 천문학적으로 밝혀진 우주의 기원을 살펴보고, 대표적인 종교들의 경전에 기록된 우주의 기원에 대한 기록과 성경의 첫 책 창세기에 나타난 우주의 창조 이야기를 살펴보려고 한다.

i. 천문학적으로 밝혀진 우주 창조

천문학적으로 밝혀진 우주의 생성은 지금으로부터 약 138억 년 전 진공의 양자요동(Quantum fluctuation)으로부터 시작되었다. 진공은 디랙 이전까지 말 그대로 아무것도 없는 빈 공간으로 인식되어 왔다. 하지만 디랙이 상대론과 양자역학을 결합하여 디랙 방정식을 풀자 진공은 무가 아니라 음의 에너지를 가진 입자로 가득 찬 공간임을 발견하였다. 디랙의 이 발견으로 인해 물리학에서는 진공을 디랙의 바다라고 부른다.

디랙의 바다는 인간의 눈에 정적으로 보이지만 결코 정적이지 않다. 오히려 하이젠베르그의 불확정성 원리에 의해 엄청난 요동을 치고 있다. 물질과 반물질이 순간적으로 쌍생성(Pair creation)되었다가 바로 쌍소멸(Pair annihilation)을 한다. 그 시간이 10^{-21}초가 되어 인간의 눈에는 보이지 않지만 그것을 볼 수 있는 카메라가 있다면 그야말로 정신없이 요동치고 있는 진공의 바다를 보는 것 같을 것이다. 이것이 바로 '양자 요동'이다.

이렇게 양자요동이 치고 있는 어느 한순간 어떤 특이점(Singular point)

에서 큰 폭발이 일어나면서 우주가 시작되었다. 이 폭발을 잘 알려진 빅뱅 (Big Bang)이라 부른다.

빅뱅 직후 우주는 엄청나게 높은 온도와 밀도로 인하여 아주 짧은 시간 동안 많은 변화를 거친다. 우주의 나이가 10^{-43}초부터 10^{-36}초까지는 우주를 지배하는 모든 힘들이 통일된 대통일 시대를 거치며, 10^{-36}초부터 10^{-32}초까지는 인플레이션 시대, 10^{-32}초부터 10^{-12}초까지는 전기약력 시대, 10^{-12}초부터 10^{-6}초 사이에서는 쿼크 시대, 10^{-6}초부터 1초 사이에서는 강입자 시대, 1초부터 10초 사이에는 경입자 시대를 거친다.

경입자 시대 말미에 우주의 온도가 10^9도 정도로 식으면 아주 중요한 사건이 일어난다. 경입자와 반경입자(주로 전자와 양전자)가 만나 쌍소멸을 하면서 온 우주가 빛 알갱이인 광자로 충만해지는데 이때를 광자 시대 (photon epoch)라 부른다. 광자 시대는 우주의 나이가 38만 년이 될 때까지 지속된다. 광자 시대 초기 약 20초부터 20분 사이에는 핵합성 시대를 거치면서 양성자, 중성자, 헬륨이 생성되어 물질이 만들어질 준비를 한다. 빅뱅 직후부터 광자 시대까지를 복사 지배 시대(radiation-dominated era)라 부르는데 시간상으로 보면 복사 지배 시대의 거의 100%는 광자가 지배하는 광자 시대로 볼 수가 있다. 광자 시대에 생성된 광자는 우주가 플라즈마 상태의 양성자, 중성자, 전자 등으로 채워진 불투명 상태여서 아직 잘 관측되지 않는 상태이다.

광자 시대가 끝나면 재결합 시대가 시작된다. 이때 핵합성 시대에 만들어진 자유 전자와 양성자가 결합하여 중성 수소가 만들어진다. 그렇게 되면 플라즈마로 가득찬 공간이 서서히 투명해지면서 우리가 하늘이라고 부를 수 있는 공간이 나타난다. 이렇게 되면 광자 시대에 생성되었지만 플라즈마에 막혔던 광자들이 비로소 투명해진 우주를 활보하며 우리에게 관측되기 시작한다.

재결합 시대에 물질들이 만들어 지면서 물질 지배 시대(matter-dominated era)로 들어가게 되는데 이때 형성된 물질이 현재 우리가 보는 별과 은하들을 생성하는 재료가 되었다. 별과 은하들이 생성된 이후 우주는 빅뱅의 여파로 계속 팽창한다. 우주의 나이가 98억 년이 되었을 때는 눈에 보이지 않는 암흑 에너지가 우주를 지배하는데 이때를 암흑 에너지 지배 시대(dark energy-dominated era)라 부르며 은하들의 거리가 서로 멀어지면서 가속 팽창을 하고 있는 것이 현재 우주의 상태이다.

ii. 우주의 종말, 그리고 다시 시작?

가속 팽창을 하고 있는 우주의 운명은 어떻게 될까? 우리 우주의 운명은 우주의 임계밀도인 10^{-29}g/cm³보다 크면 다시 수축하고 작으면 팽창을 지속한다. WMAP으로 측정된 우주의 밀도는 오차 0.5% 이내로 임계밀도와 같다. 따라서 현재로는 우주의 운명을 알 수 없으며 오직 창조주 하나님만 아신다. 추정되는 우주의 운명은 1) 우주가 팽창을 지속하거나 2) 팽창을 하다가 다시 수축하는 경우이다.

우주의 밀도가 임계밀도보다 적은 경우(열린 우주) 우주가 팽창을 계속한다. 우주가 계속 팽창하면 우주의 온도가 절대 영도에 가깝게 점점 식어가고 성간 물질의 밀도도 낮아져 더 이상 별이 생성되지 않는다. 이것을 빅립(Big Rip)이라 부른다. 또한 기존에 있던 별들은 핵반응 연료를 다 쓰고 빛을 잃어 간다. 핵연료를 고갈한 후 초신성 폭발로 생성된 블랙홀과 은하 중심의 초거대 블랙홀마저 호킹 복사로 인해 점점 사라져 간다. 물질을 이루는 양성자 마저 10^{33}년 정도가 지나면 양성자 붕괴로 사라지며 우주는 복사로 가득한 암흑의 시기를 맞으며 빅뱅 이전의 상태와 비슷한 대부분이 텅 빈 양자요동 상태로 되돌아간다.

우주의 밀도가 임계밀도보다 큰 경우(닫힌 우주) 우주는 팽창을 지속하다가 어떤 시점에 팽창을 멈추고 다시 수축한다. 이것을 빅 크런치(Big Crunch)라 부른다. 이 경우 다시 빅뱅이 시작되며 우주는 리사이클을 지속하는 순환 우주(Cyclic universe)가 된다.

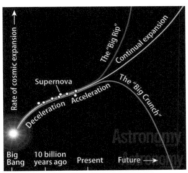

우주의 운명을 나타내는 그림(좌)과 호킹복사에 의해 블랙홀이 증발되는 모습(우)

최근 북두칠성 방향으로 지구로부터 70억 광년 떨어진 곳에서 2개의 초거대 구조가 발견되었다. 2022년에 발견된 Giant Arc와 2024년에 발견된 빅 링(Big Ring)이다. 이 거대 구조들은 빅뱅의 우주원리(거시적으로 우주는 균일하고 등방적)를 위배하므로 어떤 적절한 설명을 필요로 한다. 가능한 설명으로는 우주끈(Cosmic string) 또는 이전 빅뱅에서 생긴 초거대 블랙홀의 잔해가 아닌가 추측한다. 호킹복사에 의한 블랙홀의 증발속도는 생각보다도 아주 느리다. 태양 질량 정도의 블랙홀 증발 시간은 약 10^{67}년이고 초거대 블랙홀의 증발시간은 약 10^{100}년이 걸린다. 그런데 이 블랙홀들이 만나 충돌을 하면 아주 강력한 중력파가 발생한다. 이번에 발견된 빅 링

이 이전의 우주에서 발생한 중력파의 흔적(Hawking Point)일 수도 있다는 것이다.

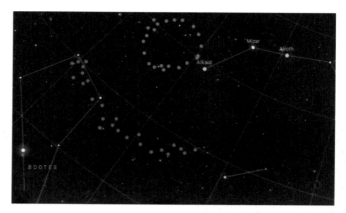

Big Ring(청색)과 Big Arc(적색). Big Ring 시직경은 보름달 15배다.

이 해석은 노벨상 수상자인 펜로즈의 등각순환우주론(Conformal cyclic cosmology)과 연관이 있다. 등각순환우주론은 우주가 팽창을 멈춘 후 다시 수축하지 않고 끝없이 팽창을 하는 우주 속에서 다시 빅뱅이 시작된다는 가설이다.

필자는 개인적으로 이 우주론을 선호한다. 왜냐하면 리사이클 된 블랙홀이 초기 우주의 씨앗 블랙홀 질량을 잘 설명할 수 있기 때문이다. 천문학에서 블랙홀 질량은 은하 중심별의 속도 분산과 상관 관계가 있다는 것이 밝혀졌다(M-sigma relation). 이 관계식에 의하면 블랙홀의 질량은 은하 질량의 0.1% 정도가 된다. 그런데 우주 초기의 블랙홀 질량, 예를 들어 빅뱅 직후 5억 년이 지난 은하인 UHZ1의 블랙홀의 질량을 보면 은하의 질량보다 크다. 이 사실을 설명하기 위해 몇 가지 가설이 제시되지만 등각순환우주론을 적용되면 손쉽게 풀린다. 즉, 이전 우주에서 생성된 블랙홀이 지금 우

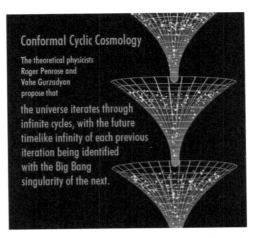

등각순환우주론. 팽창우주 속에서 다시 빅뱅이 시작된다.

주의 씨앗 블랙홀이 되어 주위의 가스와 먼지를 모아 은하를 형성하였다고 하면 비정상적으로 큰 초기 우주의 블랙홀 질량 문제를 잘 설명할 수 있기 때문이다.

그렇다면 팽창하는 우주 속에서 다시 새로운 우주가 태어난다는 말은 무슨 의미일까? 3차원 공간에서 어떤 물질들이 흩어진다는 것은 한 점에 모인다는 의미의 반대말이다. 하지만 4차원 공간에서는 흩어짐은 클라인의 병처럼 한 특이점에 모이는 공간 구조를 가지고 있지 않을까 생각한다. 그럴 경우 등각순환우주론은 자연적으로 설명될 수 있다. 어쩌면 4차원 공간에 사는 초등학생도 4차원에서 바라본 3차원의 흩어짐은 4차원에서 한 특이점에 모인다는 것을 상식으로 알고 있을지도 모른다.

이럴 경우 한없이 팽창하는 우주는 거대한 진공의 바다로 변하며 양자 요동이 일어나면서 다음 우주를 준비한다. 이렇게 팽창하는 우주가 한 특이점에 계속 몰리면 특이점의 진공 에너지 밀도가 점점 올라가고 이렇게 올라가는 진공 에너지 밀도를 특이점에서 다 수용할 수 없을 때 대폭발이 일어나게 되면 이게 다음 우주의 빅뱅일 수도 있다는 이야기다. 빅뱅 이후에도 특이점으로 계속 진공 에너지가 몰려오면 그게 암흑 에너지의 기원이 될 수가 있고 새로 생긴 우주 팽창의 동력원이 될 수도 있을 것이다.

iii. 여러 종교의 경전에 기록된 우주의 창조 이야기

앞서 소개한 바와 같이 현대 천문학의 연구에 의하면 우주는 영원 전부터 기원의 출발점이 없이 계속 존재한 것이 아니라 양자 요동하고 있는 디렉의 바다와 같은 상태에서 약 138억 년 전에 빅뱅으로 창조되었음을 알 수 있다. 만약에 창조주 하나님이 우주를 창조하셨다면 지성적인 인간에게 어떤 형태로든지 그 정보를 전하여 주셨다고 생각한다.

이 경우 인간이 신을 찾고 있는 종교 경전이 하나님의 계시의 책일 수 있을 가능성이 가장 크기에 세계적인 중요한 종교들의 경전에서 우주의 기원에 대한 부분을 찾아보고 그 내용들이 현대 천문학적 연구의 결과와 일치하거나 함축되어 표현되어 있는지 살펴보자.

i) 불교, 힌두교, 유교 경전의 창조 이야기

먼저 불교에서의 우주의 창조를 알아보자. 불교 고대 초기의 기록으로 알려진 소승불교의 장아함경 세기경에서는 우주의 기원을 업으로 설명하고 있다. 태초의 우주에는 중생들의 업력이 있었고 그에 따라 허공에 바람이 불기 시작하여 바람의 바퀴인 풍륜이 생기고 그 후 물의 바퀴인 수륜, 땅의 바퀴인 지륜이 생겼으며 지륜 위에 수미산이 솟고 수미산을 중심으로 네 개의 대륙과 아홉 개의 산과 여덟 바다가 생겼다고 한다. 수미산 부근의 네 개의 대륙이란 동쪽의 승신주, 서쪽의 우화주, 남쪽의 섬부주, 그리고 북쪽의 구로주이며 우리 인간은 남쪽 섬부주에 살고 있다고 한다. 우주의 중앙에 위치한 수미산은 높이가 약 110만km로 지구에서 달까지 거리의 약 3배 정도 높이이며 산의 반은 물에 잠겨 있고 반은 위로 솟았는데 해와 달과 별들이 수미산을 싸고 허공을 맴돈다고 한다.

불교의 경전에서의 우주 창조 과정에 대한 표현들은 지구상의 바람, 물, 땅, 산, 및 바다를 언급하여 지구상의 인간들이 느끼고 보는 물리적인 현상들을 이용하여 우주의 창조와 그 구조를 설명하고 있다. 또한 수미산 아래의 네 개 대륙 위치를 동서남북으로 설명하고 있는데 이 동서남북의 개념은 지구에서만 성립하고 지구를 벗어나서 천문학적 관점으로 우주를 관조할 경우 그 동서남북 개념 자체는 의미가 없어진다.

예를 들면 서울에서 바라본 독도는 언제나 동쪽에 위치하고 있지만 우주에서 바라본 독도는 지구의 자전에 의해 12시간 후에는 그 반대편인 서쪽이 되어 버린다. 또한 지구의 자극은 평균적으로 약 25만 년에 한 번씩 남극과 북극이 바뀌는 지자기 역전 현상이 일어나는데 이렇게 되면 지금의 북쪽은 남쪽이 되고 지금의 남쪽은 북쪽으로 바뀌게 된다. 따라서 어떤 물체를 동서남북으로 가리킨다는 것은 지구상의 물체에서만 적용되는 지구적 사고이며 우주에 있는 어떤 물체를 지적하기에는 적당하지 않다. 불경의 설명은 지상에 존재하는 인간의 상상력으로 만들어진 것임을 예시하고 있다.

힌두교의 경전에서 설명하는 우주의 창조도 불교와 비슷한데 우리 우주는 절대자인 브라마에 의해 창조되었다고 한다. 브라마는 비슈누 신이 물 위에서 잠을 자고 있을 때 그 배꼽에서 나온 연꽃에서 태어났으며 브라마에 의해 창조된 우주는 중앙에 수미산이 있고 그 주위에 바퀴 모양의 동그란 땅이 있으며 그중의 한 부분이 인도라고 설명한다. 비슈누는 금빛 날개를 가진 가루다라는 새를 타고 나타난다고 하는 신화 속의 신이다. 불교의 창조 이야기와 흡사하여 경전 간에 서로 영향을 받았음을 알 수 있다.

유교에서의 태극을 우주 만물의 생성기원으로 생각하며 기의 운행에 따라 우주가 만들어졌다고 한다. 이 기의 운행과 취산에 따라 자연과 인간이 만들어졌으며 기는 스스로 생성, 변화, 소멸의 힘과 질서를 갖추고 있는 것으로 도교의 우주관인 무위자연과 상통하는 말이다.

중국 민간 신앙에 있어서의 우주 창조는 반고 신화로 설명된다. 반고 신화에 의하면 우주는 달걀 속 같았으며 반고가 그 달걀 속에서 잠자다 깨어난 후 답답함을 느껴 달걀 껍질을 깨자 하늘과 땅이 생성되었다고 한다. 그후 반고는 하늘과 땅이 서로 엉킬 것을 염려하여 자기 자신을 희생하여 머리로는 하늘을 이고 발로는 땅을 눌렀다고 한다. 그의 입김은 바람과 구름이 되고 그의 목소리는 천둥이 되었다. 왼쪽 눈은 태양이 되었고, 오른쪽 눈은 달이 되었으며 그리고 그의 수염은 하늘의 별이 되었다고 한다.

이상과 같이 몇몇 종교에 있어서의 우주 창조에 대해 알아보았지만 천문학적으로 밝혀진 우주의 창조와는 거리가 멀며 인간의 상상력에서 나온 생각이나 종교 철학적인 사고의 범주를 벗어나지 않는 사상들이고 신화적인 이야기에 지나지 않아 현대 천문학적 우주의 생성에 대한 설명과는 전혀 다른 창조 이야기임을 알 수 있다.

ii) 기독교 성경에 기술된 우주의 창조 이야기

기독교의 경전으로 사용되고 있는 성경은 세계 최고의 베스트셀러로 알려져 있고 기독교인들은 성경을 하나님의 말씀으로 믿고 있다. 이 성경의 첫 책인 창세기의 첫 시작은 우주와 지구와 태양계, 지구상의 생명체의 기원에 대한 기록부터 나온다. 과연 이들 기록 속의 우주의 기원에 이야기가 현대 천문학적 발견의 내용을 함축하고 있는지 살펴보도록 하자.

(i) 하나님의 창조 선언과 창조 이전의 상태(창세기 1장 1, 2절)

창세기 1장 1절에 이렇게 기록되어 있다.

"태초에 하나님이 천지를 창조하시니라"(창세기 1:1)

בראשית ברא אלהים את השמים ואת הארץ.

In the beginning, God created the heavens and the earth.

위에 나타난 것처럼 구체적으로 하나님께서 우주를 창조하셨다는 기록
이 나온다. 그 뒤 우주 창조에 대한 설명이 이어지는데 창세기 1장 2절을 보
면 우주가 시작되기 전에는 어떤 상태였는지를 기술하고 있다.

"땅이 혼돈하고 공허하며 흑암이 깊음 위에 있고 하나님의 영은 수면 위
에 운행하시니라"(창세기 1:2)

היתה תהו ובהו וחשך על־פני תהום ורוח אלהים מרחפת על־פני המים
והארץ.

The earth was without form and void, and darkness was over the face
of the deep. And the Spirit of God was hovering over the face of the
waters.

여기서 땅은 물질로 해석할 수 있다. '혼돈하고'는 영어 성경에 'without
form'으로 나타나 있으며, '땅이 혼돈하고'는 태초에 어떤 물질도 형성되지
않았음을 의미한다. 그다음 '공허하고'는 영어 성경에 'void'로 나타나 있으
며, 아무것도 없는 진공상태를 의미한다. 즉, 태초에는 아무것도 없는 진공
상태가 존재함을 나타낸다. 여기까지는 해석에 무리가 없을 것으로 본다.

여기서 그다음 문장 '흑암이 깊음 위에 있고'가 심오한 뜻을 내포하고 있다. 흑암은 히브리 원어로 ךﬢﬤ(호세크)'이며 빛이 생기기 이전의 근본적 암흑상태를 말한다. 그다음 단어인 '깊음'이 아주 핵심적인 의미를 갖는다. 깊음의 히브리 원어는 'ﬦﬡﬣﬨ(테홈)'이며 '요동치다' 또는 '부글거리다'라는 뜻의 'ﬦﬡﬣ(홈)'에서 나온 말로 깊이를 알 수 없는 바다 또는 공간이 요동치는 상태를 나타낸다. 이것을 앞 문장들과 연결하면 아무것도 없는 암흑상태의 진공이 요동치고 있음을 나타낸다.

이 사실은 우리가 앞에서 보았던 천문학적으로 밝혀진 우주의 시작, 즉 지금으로부터 약 138억 년 전 빅뱅이 시작되기 바로 전에 디랙의 바다인 진공이 양자요동을 치고 있는 상태에서 우주가 시작되었다는 것을 정확하게 표현하고 있다.

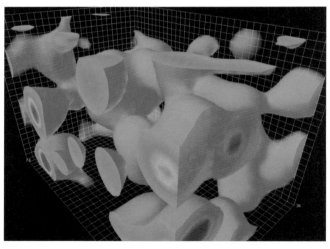

진공 양자 요동을 시각화한 모델.
부글거리거나 요동친다는 말이 딱 들어맞는다.

(ii) 첫째 날의 빛의 창조(창세기 1장 3절)

창세기 1장 3절을 보면 창조 첫째 날 하나님께서 행한 놀라운 사실이 나온다.

"하나님이 가라사대 빛이 있으라 하매 빛이 있었고"(창세기 1:3)

ויאמר אלהים יהי אור ויהי־אור.

And God said, "Let there be light," and there was light.

이 구절은 하나님께서 우주를 창조하실 때 빛을 먼저 창조하셨다고 기술하고 있다. 히브리 원어로 빛은 'אור(오르)'이며 '광선'으로 번역되고 '생겨라'는 'יהי(예히)'로 창조의 신비를 품은 거룩한 단어이기에 오직 창조주 하나님에게만 적용되는 특별한 단어이다. 앞에서 언급한 대로 빅뱅 직후 우주의 나이가 10초 정도가 되었을 때 수많은 광자가 생성되어 우주를 채우는 광자 시대가 시작되고 우주의 나이가 38만 년 될 때까지 지속된다. 창세기 1장 3절 빛의 창조는 빅뱅 직후 광자가 생성되어 우주에 충만한 이 광자 시대를 지칭한다고 볼 수 있다. 이 광자 시대에 생성된 빛은 우주가 투명해지고 하늘이 형성되었을 때 우리에게 관측이 되었다.

(iii) 둘째 날의 궁창의 창조(창세기 1장 7, 8절)

빛의 창조 다음 날인 창조 둘째 날에 대해 이렇게 기록되어 있다.

"하나님이 궁창을 만드사…궁창을 하늘이라 부르시니라…"(창세기 1:7, 8)

창조 둘째 날 하나님께서는 궁창을 창조하셨고 이 궁창을 하늘이라 부르

섰는데 이것 역시 앞 절에서 언급한 우주 창조 과정과 연관이 된다. 재결합 시대 이전의 우주는 플라즈마 상태의 입자들로 채워진 불투명한 공간으로 하늘이라고 부를 공간이 없었지만 재결합 시대에 전자와 양성자가 결합하면서 물질이 생기고 우주가 투명해지면서 하늘이라고 부를 수 있는 빈 공간이 생기게 된다. 그 빈 공간에 생성된 물질을 바탕으로 별과 은하가 생기면서 지금 우리가 보는 하늘이 된다. 창세기 1장 7, 8절 궁창(하늘)의 창조는 재결합 시대에 생성된 이 투명한 하늘을 지칭한다고 볼 수 있다.

이 장에서 살펴본 바와 같이 다양한 종교의 경전 중에서 성경에서 서술하고 있는 창조 이야기가 현대 천문학이 밝혀낸 빅뱅 이전의 진공의 양자 요동, 빅뱅 직후 광자로 충만한 우주, 그리고 재결합 시대에 투명하게 나타난 하늘의 생성과 일치함을 알 수 있다. 또한, 창조 셋째 날 지구의 창조, 창조 넷째 날 태양의 창조 등도 천문학적 관측 사실과 일치함을 알 수 있다(다음 장 참조).

성경의 창세기의 기록은 기원전 약 1500년 전 하나님의 인도하심으로 애굽에서 노예 살이 하던 이스라엘 백성을 구출하여 가나안 땅으로 인도한 모세가 하나님의 영감을 받아 기록한 것으로 알려져 있다. 현대과학이 전혀 알려지지 않았던 3500년 전에 제한된 히브리 단어(성경 전체에 쓰인 히브리 단어 8,674개; 참고: 한글 단어 수 약 50만 개)를 사용하여 이러한 사실을 기록하였다는 것은 성경이 창조주 하나님의 영감으로 이루어진 계시의 책이라는 것을 증명하는 하나의 중요한 단서라고 본다.

c. 지구와 태양, 어느 것이 먼저 창조되었는가?

창세기 셋째 날에 하나님께서 물과 함께 지구를 만드시고 넷째 날에 지구를 비추는 광명체인 태양을 만드셨다고 나온다. 즉, 지구가 태양보다 먼저 창조되었는데 이 사실에 대해 천문학적 접근을 해 보도록 하자.

별과 행성은 성간 분자구름들(molecular clouds)로부터 만들어진다. 분자구름의 구성 성분은 약 98%가 가스(수소 70% 정도와 헬륨 28%)이고, 나머지 2%가 먼지(탄소, 질소, 산소, 철 등등)들이다. 별과 목성형 행성들(Jovian planets)의 대부분은 가스로 만들어지며 지구형 행성들(Terrestrial planet)의 대부분은 먼지로 만들어진다. 이 분자구름들의 중심에서 중력수축이 일어나면 원시별(protostar)이 만들어진다. 이와 동시에 원시별 주위에는 행성들이 만들어지는 요람인 원시행성계 원반(protoplanetary disk)이 형성된다.

원시별의 내부 온도는 아직 핵융합을 일으킬 정도로 높지 않으며 중력 수축에 의한 충격파로 약간의 온도가 상승하지만 가시광선으로는 관측이 되지 않는다. 원시별이 계속하여 서서히 수축하면 전주계열성(pre-main sequence star)이 되고 하야시 경로(Hayashi track)와 헤니에이 경로(Henyey track)의 항성진화 경로를 거친다. 이 단계를 지나 원시별의 내부 온도가 핵융합을 할 정도인 1천만-2천만 도 정도로 높아지고 수축이 멈추면 우리가 밤하늘의 보는 광명체인 진정한 별이 만들어진다. 이때부터 별의 일생은 주계열성(main sequence star)으로 들어서며, 핵융합이 시작되어 주계열성으로 들어서는 시점을 영점 주계열(zero age main sequence)이라 부른다. 항성진화 이론과 태양 지진학(helioseismology) 연구에 의하면 태양의 경우 약 4천만-5천만 년을 전주계열성으로 머물다가 영점 주계열성에 이르고 핵융합을 시작하여 스스로 광명체로써 밝게 빛나는 별이 된다.

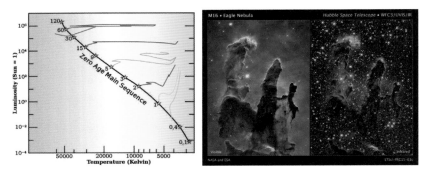

별의 탄생과 진화 과정을 보여 주는 H-R도와 별이 탄생하고 있는
독수리 성운 내 창조의 기둥(Pillars of Creation)

행성의 경우는 원시행성계 원반을 구성하고 있는 가스와 먼지들이 충돌하면서 모래 크기, 자갈 크기, 바위 크기, 수십 또는 수백 킬로미터 크기의 미행성(planetesimal), 그리고 이 미행성들이 뭉친 원시행성(protoplanet)이 만들어지고 행성으로 진화한다. 정리하면, 지구와 태양은 같은 분자구름으로 시작하였지만 지구는 원시행성계 원반에서 원시행성을 거쳐 탄생하였고 태양은 전주계열을 거쳐 주계열성으로 탄생한다.

원시행성계 원반의 먼지구름에서 행성이 생성되는 과정이 최근에야 활발히 연구가 진행되고 있다. 최근 발표된 논문들을 보면 원시행성계 원반의 먼지 구름에서 지구형 행성인 수성, 금성, 지구, 화성의 질량을 합친 질량의 자갈들이 중심의 전주계열성으로부터 4 천문단위 내에 형성되는 기간은 약 30만 년, 그리고 1밀리미터 크기의 모래들로부터 원시행성을 거쳐 지구 크기의 행성이 탄생하는 기간이 약 수백만 년 정도 걸린다고 예측하였다.

이런 행성 생성 이론들의 예측은 관측을 통해 확인될 수 있다. 다음 이미지는 세계 최대 서브밀리미터 망원경인 ALMA로 관측한 황소자리 HL Tau(좌)와 센타우루스자리 PDS 70(우)이다. HL Tau의 질량은 태양의 약 2배 정도이고 나이는 백만 년 정도이며 중심에는 전주계열성 별이 형성되고 있다. 그런데 이렇게 별이 형성되는 초기 단계에 이미 여러 행성들이 만들어져 그 주위를 돌고 있는 것을 보여 준다. 전주계열성 주위의 원반을 보면 여러 개의 겝(gap)들이 보이는데 이 겝들이 바로 행성이 형성되어 주위의 먼지구름들을 휩쓸고 다니는 흔적들이다.

  PDS 70의 질량은 태양의 0.76배 정도이며 나이는 5백 4십만 년 정도이고 중심에는 전주계열성이 자라고 있다. PDS 70의 안쪽 궤도를 보면 2개의 목성형 행성들 PDS 70b와 PDS 70c가 형성되어 공전하고 있는 것이 관측되었으며, HL Tau에서 보였던 먼지 구름들이 이 2개의 행성들에 의해 거의 다 제거되었음을 보여 준다. 2023년 제임스웹 우주망원경으로 중심 부분을 분광 관측하자 그림의 스펙트럼에 나타난 것처럼 다량의 물이 관측되었으며 관측된 영역은 지구형 행성들이 생성되는 장소로 그 속에 2개 이상의 지구형 행성들이 형성되어 있음을 발표하였다.

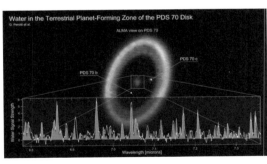

원시별이 생성되고 있는 HL Tau(좌)와 PDS 70(우)

여기서 중요한 사실은 원시행성계 원반의 먼지구름에서 약 5백 4십만 년이 지나자 물과 함께 지구형 행성들이 생성되었다는 사실인데, 이것은 창세기 창조 셋째 날 물이 지구가 함께 창조되었다는 기록과 일치한다. 이때까지 걸린 시간이 5백 4십만 년이지만 길게 잡아 천만 년이 걸렸다 하더라도 이 기간은 태양이 별이 되는 기간인 4천만-5천만 년보다 훨씬 적다는 걸 보여 준다.

따라서, 창세기에 기록된 지구가 먼저 창조되었고 그다음 태양이 창조되었다는 기록이 천문관측을 통해 사실임을 입증해 준다.

그런데, 지구가 먼저 창조되고 그 후에 태양이 창조되었다면 지구와 함께 창조된 식물들은 태양이 없는데 어떻게 살아남았는지 의문을 제기할 수도 있을 것이다. 이 문제는 앞에 언급한 별의 진화 과정을 알면 쉽게 풀린다. 중력 수축으로 별이 만들어지고 있는 T Tauri 별의 표면 온도는 약 4,000-5,000도 정도가 되며 흑체복사 피크가 가시광선 영역에 위치한다. 또한 전주계열성인 T Tauri 별 단계에 있는 태양의 크기가 현재 주계열성별인 태양보다 몇배정도 커서 지구상의 식물이 광합성을 하는 데 충분한 에너지를 공급해 줄 수가 있어 아무런 문제가 없다.

d. 지구의 나이는 6천 년인가?

젊은 지구 창조론자들은 지구와 우주의 나이를 창세기에 나타난 연도수를 기초로 하여 6천여 년에서 1만여 년이라고 주장하고 있다. 하지만, 이것은 과학에 대해 조금이라도 아는 사람이 들어도 이해가 안 되는 주장이다. 우선 본론으로 들어가기 전에 지구와 우주의 나이가 최소한 수백만 년은 되었다는 것을 쉽게 깨달을 수 있는 예를 하나씩 들어보도록 하자.

지구의 지각은 판구조로 되어 있어 서서히 움직인다. 이 때문에 지진이 일어난다. 이 사실을 부인하는 사람은 없을 것이다. 열점(hot spot)은 지각 아래에 있는 맨틀 심부에서 마그마가 흘러나오는 지점으로, 그 중심부가 고정되어 있다. 마그마가 지각으로 흘러나와 식으면 땅이 만들어진다. 그 대표적인 예가 하와이 군도이다. 하와이 본섬인 빅아일랜드의 킬라우에아에는 지금도 화산활동이 활발하게 일어나고 있으며 분출된 마그마가 바닷물에 식으면서 땅이 만들어진다. 만들어진 땅은 판구조론에 의해 북서쪽으로 일 년에 7-10cm 정도 이동하며, 그렇게 만들어진 땅들이 하와이의 여러 섬들을 형성하였다. 이것 역시 지금 일어나고 있는 일로 부인할 수 없는 사실이다. 지각판의 이동 속도를 고려한 하와이 섬들의 나이는 북서쪽 방향으로 빅아일랜드는 40만 년, 마우이는 1백만 년, 몰로카이는 1.5-2백만 년, 와이키키가 있는 오하후는 3-4백만 년, 카우이는 5백만 년쯤 되었다. 빅아일랜드를 운전하다 보면 땅의 풍화가 덜되어 많은 부분이 검은 화산토로 덮혀 있음을 볼 수 있다. 이와는 달리 카우이는 상대적으로 풍화가 많이 진행되어 수목들이 잘 자라고 있어 정원의 섬으로 불린다. 이 사실들은 지구의 나이가 최소한 몇백만 년은 되었다는 것을 직접적으로 느낄 수 있게 한다.

우주의 나이가 최소 수백만 년 되었다는 것을 직접적으로 알 수 있는 방법은 빛이 1초에 30만km를 달린다는 것을 인정하면 된다. 태양은 지구로부터 1억 5천만km 떨어져 있다. 우리가 지금 따뜻한 햇빛을 받고 있다는 것은 그 빛이 태양에서 8.3분 전에 생성된 빛이라는 것을 나타낸다. 태양은 달보다 약 400배 정도 큰데 멀리 떨어져 있어 시직경이 달과 비슷하게 보인다. 이걸 부정하는 사람은 없을 것이다. 안드로메다 은하는 우리 은하와 크기가 비슷하지만 250만 광년 떨어져 있어 달의 4배 크기 정도로 적게 보인다. 우리가 안드로메다 은하를 볼 수 있다는 것은 우리에게 도달한 빛이 250만 년 전에 안드로메다에서 생성되어 우리에게 도달한 것이다. 안드로메다 은하를 보았다면 이 사실을 부정하지 못할 것이다. 이 사실은 우주가 최소한 수백만 년은 되었다는 것을 나타내는 직접적인 증거이다.

이런 사실들에도 불구하고 여전히 지구의 나이가 6천 년이라고 주장한다면 복음 전파에 도움이 되기보다는 오히려 걸림돌이 되어 많은 사람들을 복음에서 멀게 만들 수도 있을 것이다. 따라서 무리하게 젊은 지구 창조론을 주장하기보다는 성경 창세기의 기록에 어떤 해법이 있지 않을까 생각해 보는 게 좀 더 이성적이지 않을까 한다. 우리 인간에게 있어 시간은 변할 수 없는 물리량이며 오직 현재로부터 미래로만 흐르는 것으로 인식되어 왔다. 시간에 대한 이런 고정 관념을 제거하고 이 문제에 접근해 보면 아마 어떤 해법이 생길 수도 있을 것이다.

i. 창세기의 창조 이야기의 6일

먼저 성경에서는 천지창조로부터 현재까지 우주의 나이를 정확히 얼마로 기록하고 있는지 알아보자.

하나님께서는 창조 7일 동안 우주로부터 우리 인간까지 창조하셨다. 처음 창조하신 인간인 아담은 몇 살까지 살았고 그리고 그 자손들은 몇 살까지 살았는지 그 족보가 성경의 창세기 5장에 자세히 기록되어 있다.

"아담 자손의 계보가 이러하니라…노아가 오백세 된 후에 함과 야벳을 낳았더라."(창세기 5:1-32)

아담으로부터 시작하여 그의 자손인 노아 홍수 때까지의 시기를 성경에 기록된 대로 합산하면 1,656년이 된다. 노아 홍수의 시기에 대해서는 여러 가지 의견들이 많지만 여러 자료들을 참고하면 노아 홍수는 지금으로부터 약 7,500년 전에 일어난 일로 추정된다. 따라서 아담이 창조된 후 노아 홍수 때까지가 1,656년이고 노아 홍수 때부터 지금까지 약 7,500년이 되었음으로 성경에 언급된 우주의 나이는 창조 7일+1,656년+7,500년으로 약 9,156년이 된다. 이것이 바로 창조론을 주장하는 일부 과학자들이 우주의 나이가 약 6천 년 내지 1만 년 정도가 되었다고 주장하는 근거가 된다. 우주 나이 6천 년은 천문학적으로 밝혀진 우주의 나이 138억 년과는 비교조차 할 수 없는 낮은 수치이다.

이 문제의 해결을 위해 다시 한번 창세기를 주의 깊게 살펴보도록 하자. 아담 이후의 기록은 정확한 것으로 추정되며, 노아의 홍수가 일어난 시기가 지금으로부터 7,500년 전이든 75,000년 전이든 우리 우주의 나이 138억 년에는 어떤 변화도 주지 못한다. 그렇다면 창세기에 나타난 우주의 나이가 틀렸을까, 아니면 창세기 기록 안에 이 문제를 풀 수 있는 열쇠가 들어 있을까? 아마 창세기 1장을 주의 깊게 읽고 약간의 천문학적 지식이 있는 사람은 추측할 수 있겠지만 창세기의 우주 창조 최초 7일에 그 열쇠가 들어 있다고 생각한다.

그 추론은 다음과 같다. 피조물의 입장에서 정의하는 하루는 피조물이 사는 행성 자전 속도에 의해 정의된다. 인간이 금성에 창조되었다면 하루는 243일이고 목성에 창조되었으면 하루는 10시간이다. 인간이 지구에서 창조되었기에 우리의 하루는 지구가 한 번 자전하는 데 걸리는 시간인 24시간이며, 지구가 태양 쪽을 바라보고 있을 때는 낮이고 태양 반대쪽을 바라보고 있을 때는 밤이다.

따라서 피조물의 관점에서 본 하루가 정의되기 위해서는 먼저 지구가 있어야 되고 그리고 지구를 비추는 태양이 있어야 된다. 그런데 지구는 창조 셋째 날에 그리고 태양은 창조 넷째 날에 창조 되었다. 이렇듯 인간이 정의하는 하루가 정의되기 이전에 하나님께서는 하루라는 단어를 사용하셨다. 따라서 창세기 창조 7일 동안의 하루는 우리 인간이 정의하는 하루가 아니라 하나님의 관점에서 정의하신 하루였다고 볼 수 있다. 젊은 지구 창조론자들이 창세기의 하루를 인간의 하루로 간주하여 지구의 나이를 6천 년이라고 주장한 오류가 여기서 발생하였으며 지구 나이의 비밀은 바로 창조 7일의 시간에 담겨 있다.

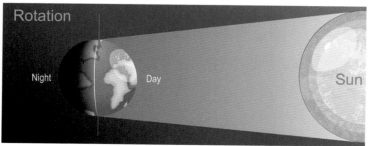

하루가 정의되기 위해 지구와 지구를 비추는 태양이 먼저 있어야 된다.

그렇다면 창조 7일 동안의 시간은 인간의 시간으로는 얼마나 될까? 이것을 알아보기 위해 빅뱅에 의해 밝혀진 우주 창조 과정과 창세기의 창조 과정을 비교해 보면 될 것으로 생각된다.

빛의 창조로 대표되는 창세기 창조 첫째 날은 진공의 양자 요동을 거쳐 빅뱅에 의해 광자가 창조된 광자 시대에서 재결합 시대로 넘어가는 시기 사이이므로 38만 년으로 볼 수 있다. 하늘의 창조로 대표되는 창세기 둘째 날은 투명한 하늘이 나타나는 재결합 시대이므로 10만 년으로 볼 수 있다. 지구의 창조로 대표되는 창세기 창조 셋째 날은 지구의 나이가 46억 년이므로 우주가 창조된 날로부터 계산하면 92억 년(138억 년-46억 년)이 된다. 태양은 지구보다 약 3천만 년 후에 창조되었으니까 태양의 창조로 대표되는 창조 넷째 날은 약 3천만 년이 된다.

이렇듯 창조 넷째 날까지만 살펴보더라도 한 가지 경이로운 사실을 발견하게 된다. 하나님의 관점에서 바라본 창조의 하루는 인간이 정의한 24시간에 비해 아주 긴 시간이며 또 그 시간이 수십만 년으로 짧기도 하고 수십억 년으로 길기도 하는 등 변한다는 것이다.

ii. 시간의 창조자

창세기에 기록된 첫째 날의 '날'에는 히브리어 욤(םוי)이 쓰였다. 이 말은 몇 가지 의미로 해석되기도 하는데 그중 기간이 정해지지 않은 시간을 나타내는 의미도 있다. 즉, 하나님의 하루는 시간의 흐름 속에 존재하는 인간과는 달리 일정하게 정해지지 않았다는 말이다. 영원히 존재하시는 창조주 하나님께 시간은 시간의 한계 속에 살아가는 인간과는 전혀 다른 개념일 수밖에 없다. 왜냐하면, 하나님께서는 시간을 창조하시고 다스리시기 때문이며 시간을 초월하여 계시기 때문이다. 조금 생소하게 들리겠지만 성경에는 하나님께서 시간을 다스리는 사건이 몇 번 소개되고 있다.

먼저 신약 성경에 있는 베드로후서를 보면 다음과 같은 성경 구절이 나온다.

"사랑하는 자들아, 주께는 하루가 천 년 같고 천 년이 하루 같다는 이 한 가지를 잊지 말라."(베드로후서 3:8)

이 구절은 하나님의 약속을 기다리는 자들이 조급해지지 말고 인내로 기다려야 함을 권하는 의미도 있지만 하나님의 시간 개념은 인간의 시간 개념과는 전혀 다르다는 것을 보여 주며 하나님께서는 시간을 늘이거나 줄일 수도 있으실 분임을 시사하는 성구라고 생각한다.

시간의 늘임(Time dilation)은 특수 상대성 이론의 시간 팽창 방정식으로 설명된다. 특수 상대성 이론에 의하면 움직이는 물체는 정지한 물체보다 시간이 더 느리게 가는데 만일 우리가 빛의 속도로 달리는 우주선을 타고 우주여행을 하면 시간이 정지되어 나이가 들지 않게 된다. 이렇듯 시간의 늘임은 상대론으로 설명이 되지만 시간의 줄임은 우리 인간의 현재의 과학 지식으로는 이해하기 힘든 부분이다.

그런데 하나님께서는 시간을 마음대로 늘이거나 줄이실 수 있을 뿐 아니라 시간을 정지시킬 수도 있으신 분임을 시사하는 사건이 성경에 기록되어 있다. 구약의 여호수아서를 보면 다음과 같은 구절이 나온다.

"태양이 중천에 머물러서 거의 종일토록 속히 내려가지 아니하였다."(여호수아 10:13)

시간 팽창을 나타내는 그림

이 구절은 여호수아가 아모리 사람들과 전쟁을 할 때 일어난 사건으로 여호수아의 기도에 대한 하나님의 응답으로 태양이 중천에 머물러서 거의 종일토록 속히 내려가지 아니하였다고 기록되어 있다.

그런데 이것보다도 더 놀라운 사건이 나오는데 바로 시간이 뒤로 물러간 역전 현상이다. 구약의 열왕기하 20장에서 하나님께서 중병으로 죽을 수밖에 없게 된 히스기야 왕의 간절한 기도를 들어주셔서 15년을 더 살게 한 표징으로 행하신 시간의 역전 현상이다.

"선지자 이사야가 여호와께 간구하매 아하스의 해시계 위에 나아갔던 해 그림자를 십 도 뒤로 물러가게 하셨더라."(열왕기하 20:11)

여기서 언급한 해시계는 아하스 왕 때 만들어진 것으로 하나님께서 이 해시계의 시간을 10계단만큼의 과거로 돌리셨다는 말이다. 이 시간의 역전 현상은 시간의 정지나 줄임보다 더 이해하기가 힘든 사실이다. 하지만 시간을 만드시고 그 시간을 빠르게, 느리게, 또는 정지하실 수 있는 하나님께서 시간을 거꾸로 흐르게 하는 것 역시 게임기 조이스틱을 반대로 돌리는 것처럼 손쉽게 하실 수 있을 것이다.

아하스의 해시계 모델

e. 미세 조정된 우주

오케스트라 연주회를 가면 연주가 시작되기 전 모든 악단원들이 자신들이 연주할 악기를 조율하는 것을 보게 된다. 오보에의 '라(A)' 음을 기준음으로 하여 모두가 조율하는데 오보에는 다른 악기들보다 고음에서도 균형 잡힌 음색과 소리가 다른 악기들에 비해 상대적으로 안정적이기 때문이다. '라(A)' 음을 기준으로 삼는 것도 국제적으로 표준화된 조율 기준은 '라(A)' 음을 440Hz로 설정하게 되어 있고 이 음색이 사람 귀에 가장 잘 들리는 음색이기 때문이라고 한다. 이러한 조율 뒤에 지휘자가 나와서 지정된 곡을 연주한다. 만약 악기들이 조율되지 않고 음악을 연주한다면 어떤 일이 벌어질까?

미세 조정된 우주(Fine-tuned universe)란 그 단어의 의미에서 보듯 우주를 구성하고 운행하는 여러 물리 상수들이 우주의 유지와 생명체의 생존을 위해 극도로 정밀하게 조율되듯 조정되어 있다는 사실을 표현하는 말이다.

앞서 언급하였듯이 빅뱅으로 우주가 생성될 때 우주의 질량밀도가 임계질량밀도보다 컸다면 우주는 생성되자마자 수축하였을 것이고 임계질량밀도보다 적었더라면 우주는 급속도로 팽창하여 생명체를 포함한 별이나 은하가 만들어지지 않았을 것이다. 하지만 우리 우주의 질량밀도는 임계질량밀도와 거의 비슷하게 절묘하게 조정되어 현재의 우주가 만들어지고 운행되고 있다.

펜로즈는 그의 책 《The Emperor's New Mind》(pp 440-447)에서 블랙홀 엔트로피에 대한 버켄슈타인-호킹 공식을 사용하여 빅뱅 직후 우리 우주의 질량밀도가 임계질량밀도와 비슷할 확률을 계산하였는데 그 확률은 10의 10^{123} 지수승이었다. 이 확률은 전세계 바닷가에 있는 모래 중에서 어떤 특정한 모래 하나를 선택하는 것보다 훨씬 더 희박한 확률이며 결코 자연적으로 일어날 수 없는 확률이다.

그런데, 그렇게 탄생된 우주가 아무 이상 없이 잘 운행되고 있는 배후에는 또 다른 주인공들이 있다. 그들은 바로 물리학의 근본적인 상수들이며 그 값들도 생명체의 존재를 위해 절묘하게 설정되어 있다.

우주를 떠받들고 있는 대표적인 물리 상수들은 중력 상수, 빛의 속도, 플랑크 상수, 볼츠만 상수, 유전 상수(vacuum permittivity), 미세구조 상수(fine-structure constant) 등이 있다. 그런데 이 상수들의 값이 지금의 값과 조금만 달랐다면 우리는 이 세상에 존재하지 못하였을 것이다.

가령 중력 상수가 지금보다 적었다면 별과 은하들의 형성이 불가능하였을 것이고 지금보다 컸다면 우리가 살 수 있는 지구 같은 행성들이 생겨나기 힘들었을 것이다. 플랑크 상수의 경우 지금보다 컸더라면 지구에 도달하는 태양의 에너지가 적었을 것이고 이로 말미암아 심각한 기후 변화가 왔을 것이다. 또한 물질들의 결합력이 약해져 쉽게 파괴되고 광합성 효율이 저하되어 식물들의 생존에 영향을 미쳤을 것이다.

그런데 위의 상수 중 물리학자들의 관심을 가장 많이 끈 상수가 다음에 표시된 미세구조 상수 알파이다.

$$\alpha = \frac{1}{4\pi\varepsilon_0} \frac{e^2}{\hbar c} \approx \frac{1}{137}$$

이 상수는 약방의 감초처럼 양자역학의 여러 곳에서 자주 나오며 다른 상수들과 달리 차원이 없는 상수이고 그 값은 약 1/137이 된다. 이 상수의 물리학적 의미는 전자와 양성자 또는 두 전자의 전자기력 세기를 나타낸다.

그런데, 이 상수의 값이 1/137보다 컸다면 원자들 간의 상호작용이 강하게 일어나 전자가 원자핵에 더 단단히 결합되고 원자의 크기는 줄어들며 중원소들의 형성이 용이한 반면 수소 같은 원소는 생성되기 어렵다. 수소는 핵융합의 원료이기에 수소의 형성이 불가능하면 생명체의 생존 역시 어려움을 겪는다. 반대로 상수값이 1/137보다 적었다면 화학반응이 안정적이지 않고 그나마 화학반응을 통해 만들어진 분자와 물질들이 불안정하여 쉽게 붕괴되는 현상이 일어날 것이다. 이렇게 쉽게 붕괴되는 분자들로는 DNA와 단백질로 구성된 생명체가 만들어질 수 없다.

미세구조 상수가 왜 이런 특정한 값을 가지고 있어 우주 만물을 잘 구성하고 있는지 많은 물리학자들을 궁금하게 만들었는데 디랙은 "물리학에서 가장 근본적인 미해결 문제"라고 말하며, 파인만은 "미세구조 상수는 인간이 이해하지 못한 채로 우리에게 다가오는 마법의 숫자로 물리학의 가장 큰 미스터리다. 당신은 '신의 손'이 그 숫자를 썼다고 말할 수 있지만, 우리는 그분이 어떻게 펜을 눌렀는지는 모른다."라고 말하였다.

미세구조 상수식을 달리 쓰면 전자의 속도와 빛의 속도 비가 된다. 빛이 전자보다 137배 정도 빠르다는 것이다. 또한 미세구조 상수가 관여하는 전자기력은 중력에 비해 약 10^{36}배가 크며 강력에 비해 137배가 적다. 아마, 창조주께서 우주를 만드실 때 물리학 상수들을 개별적으로 설정하지 않으시고 가장 중요한 상수를 먼저 설정하신 후 다른 모든 물리 상수들이 그에 비례하여 자동적으로 설정될 수 있게 하셨는지도 모른다. 그리고 가장 중요하게 설정한 그 상수가 바로 미세구조 상수이며 그 값을 1/137로 설정하셨을 수도 있을 것이다.

미세 조정된 우주를 살펴보는 것은 우주가 결코 우연에 의하여 창조되었거나 보존되어 갈 수 없다는 명백한 사실을 큰 그림으로 보여 주고 있다. 마치 오케스트라의 모든 악기가 오보에의 '라(A)' 음에 맞추어 조율되어 지휘자의 지휘아래 훌륭하게 곡을 연주하듯이 우주를 떠받들고 있는 모든 물리 상수들이 창조주의 설계 아래 미세하게 조정되어 우주가 잘 유지되고 생명체가 존재하도록 돌봄을 받고 있는 것이다.

이런 창조주의 작품들이 어떻게 생겼고 어떤 모습으로 작동하는지(중력, 상대성 이론, 불확정성 원리, 파울리 배타 원리, 힉스 메커니즘 등등) 발견하는 것만으로도 세기의 천재 소리를 듣거나 노벨상을 받는데 이 모든 것을 설계하시고 만드신 창조주 하나님은 얼마나 위대하신가?

하나님의 걸작품 지구
(지구는 우주에서 얼마나 특별한 행성인가?)

　우리가 살고 있는 지구는 인간의 생존에 필요한 물, 공기, 적당한 기후 등 생존에 필요한 모든 것을 제공하고 있다. 하지만 같은 지구형 행성인 금성이나 화성의 경우 생존에 필수인 물과 공기가 거의 없을뿐더러 너무 춥거나 더워 생명체의 생존이 불가능하다. 그런데 좀 더 자세히 살펴보면 생존에 필수적인 이런 조건들 외에 지구는 생명의 존재와 정상적인 보존을 위하여 여러 분야에서 극히 세심하게 잘 준비된 아주 특별한 행성이란 것을 알 수 있다. 지구가 우주에서 특별한 행성의 지위를 갖는 요건들이 어떤 건지 10가지 정도의 천문학적 사실을 통해 알아보도록 하자.

a. 태양에서 적당한 거리에서 공전하는 지구

우리 인간을 비롯한 지구상의 모든 동식물들은 물이 없으면 생존할 수가 없다. 하지만 이렇게 생명에 필수적인 물도 행성의 온도가 낮아 얼은 상태로 존재하거나 또는 온도가 너무 높아 뜨겁게 끓는 상태로 존재한다면 생명체의 생존에 부적합하다. 어떤 행성이 그 중심에 있는 별로부터 너무 가까워 물이 끓거나 또는 너무 멀어 물이 어는 곳에 있지 않고 적당한 거리에 위치하여 액체 상태의 물을 가질 수 있는 영역을 생존대(habitable zone)라고 부른다. 태양계 내에서의 생존대를 계산해 보면 그 거리는 0.95-1.15 천문단위 사이가 된다. 1 천문단위는 지구에서 태양까지의 거리인데 공교롭게도 우리 지구는 이 생존대의 정중앙에 위치하고 있다. 따라서 지구가 현재의 위치보다 태양 쪽으로 5%만 더 가까웠어도 모든 물이 끓어올랐고 15% 정도만 더 멀었어도 물이 얼어 지구는 생명체가 존재하는 행성이 되지 못했을 것이다.

다음 그림은 태양계 내의 생존대를 표시한 것인데 지구 공전 궤도 주위에 녹색으로 표시된 부분이 생존대이다. 태양계 맨 바깥쪽에서 공전하고 있는 해왕성까지의 황도면상에 이 생존대가 차지하는 면적의 비율은 단지 0.05%밖에 되지 않는다. 하지만 그림에 표시된 생존대는 단지 물의 끓고 얼지 않는 영역을 표시할 뿐이며 실제로 인간과 같은 고등 생명체가 생존을 할 수 있는 온도 영역은 이것보다 낮은 영상 5도와 50도 사이의 영역이다. 왜냐하면 너무 춥거나 더울 경우 심각한 기상 재해로 인해 우리의 생존이 위협을 받으며 궁극적으로는 생존에 필수적인 농작물의 재배가 불가능하기 때문이다.

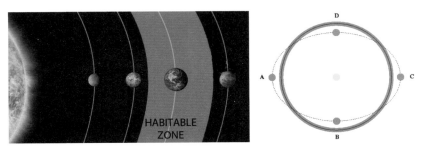

태양계 내의 생존대(녹색). 지구는 생존대 정중앙에 위치하며 원에 가까운 타원궤도를 돌고 있다.

그런데 한 가지 중요한 사실은 지구가 생존대 내에 위치해 있더라도 지구의 궤도가 태양을 중심으로 원궤도(위 그림의 실선)가 아닌 타원궤도(위 그림의 점선)를 돌고 있었다면 지구상에서 생존할 수 없었을 것이다. 왜냐하면 지구가 태양에 가까운 B와 D지점에서는 지구상의 모든 바닷물이 끓을 정도로 덥고(이심률 > 0.5) 태양에서 먼 A와 C지점에서는 모든 것이 얼 정도로 추운(이심률 > 0.3) 얼음행성이 되기 때문이다. 그런데 다행스럽게도 지구는 거의 원에 가까운 궤도로 공전하고 있기 때문에 그런 일은 벌어지지 않는다.

b. 자전축이 적당히 기울어져 있는 지구

우리 지구의 자전축은 똑바로 서 있지 않고 약 23.5도로 기울어져 있다. 지구의 자전축이 기울어져 있는 이유는 인간의 생존에 아주 중요한 이유가 있다. 결론부터 말하면 이렇게 자전축이 기울어졌기 때문에 우리는 사계절을 가지게 되고 극심한 기상 이변이 없는 온화한 기후를 가질 수 있다.

그런데 만일 지구의 자전축이 전혀 기울어지지 않고 똑바로 서 있다면 어떤 현상이 일어날까? 이 경우 적도 지방에 사는 사람들은 지구가 공전 궤도 상의 A지점과 C지점 근처에 있을 때 각각 한 번씩 두 번의 아주 뜨거운 여름을 맞게 되며 B와 D지점 근처에서도 각각 한 번씩 두 번의 아주 추운 겨울을 맞게 된다. 또한, 북극 지방에 사는 사람들은 거의 6개월 동안은 낮만 계속되고 나머지 6개월 동안은 밤만 계속되는 현상을 겪게 되며 지구의 위치가 B지점 근처에 있을 때는 아주 뜨거운 여름 날씨를 D지점 근처에 있을 때는 아주 추운 겨울 날씨를 가지게 된다. 남극 지방의 사람들도 6개월 차이로 북극 지방에서와 같은 기후 패턴을 가지게 되는데 B지점 근처에서는 항상 밤인 추운 겨울을 D지점 근처에서는 항상 낮인 뜨거운 여름을 맞이하게 된다.

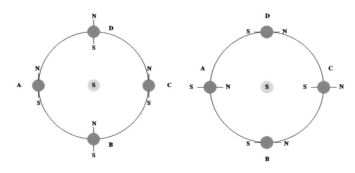

지구의 자전축이 똑바로 서 있을 경우(좌)와 90도로 기울어진 경우(우)

이와 반대로 지구의 자전축이 90도로 기울어져 있어도 비슷한 기후 패턴을 가진다. 적도 지방에 사는 사람들은 지구가 공전 궤도상의 A지점과 C지점 근처에 있을 때 각각 한 번씩 두 번의 아주 추운 겨울을 맞게 되며 B와 D지점 근처에서도 각각 한 번씩 두 번의 아주 무더운 여름을 맞게 된다. 또한 북극 지방에 사는 사람들은 6개월 동안은 낮만 계속되고 나머지 6개월 동안은 밤만 계속되는 현상을 겪게 되며 지구의 위치가 A지점 근처에 있을 때는 아주 뜨거운 여름 날씨를 C지점 근처에 있을 때는 아주 추운 겨울 날씨를 가지게 될 것이다. 남극 지방의 사람들도 6개월 차이로 북극 지방에서와 같은 기후 패턴을 가지게 되는데 A지점 근처에서는 언제나 밤인 추운 겨울을, C지점 근처에서는 언제나 낮인 뜨거운 여름을 맞이하게 된다

지구의 자전축이 0도거나 90도일 경우 기후, 환경, 주거, 식량 문제등 생존에 직결되는 여러 심각한 문제를 초래한다.

적도 지방의 여름이 지금보다 훨씬 더 뜨거운 여름이 되면 여름 내내 태풍을 겪게 된다. 여름에 찾아오는 태풍은 그 발생지인 적도 지방의 해수면 온도가 약 27도 이상이 되어야 발생할 조건이 갖추게 된다. 따라서 태풍은 보통 적도 지방의 해수면 온도가 높은 7-8월에 자주 발생하게 되는데 일단 태풍이 발생하면 태풍 진로에 있는 해수면에서 에너지를 얻어 태풍의 세력을 키워 나간다. 태풍 진로의 해수면 온도가 낮으면 태풍이 세력을 잃고 약화되지만 엘리뇨 현상 등으로 인해 해수면의 온도가 높을 경우 점점 더 강력한 태풍으로 발전한다. 그런데 적도 지방의 여름이 지금보다 더 더울 경우 적도 지방의 해수면 온도는 언제나 강력한 태풍을 발생시킬 조건을 가지고 있어 여름 내내 태풍을 발생시킨다. 또한 해수면의 온도가 높으면 해수의 증발도 늘어나 태풍과 함께 커다란 홍수 피해도 동반하게 된다.

극지방의 경우 6개월 동안은 낮이고 나머지 6개월 동안은 밤이 계속되어

정상적인 경제 활동이나 사회 활동을 하기에는 많은 제약이 따를 것이다. 또한 극지방의 겨울은 지금보다 더 추워 빙하나 바닷물이 얼은 상태로 존재하고 6개월 후 같은 장소에 아주 더운 여름이 찾아오면 얼었던 빙하들이 녹아내리게 된다. 그렇게 되면 해수면이 주기적으로 높아져서 지구상의 많은 부분들이 물에 잠기게 될 것이다. 예를 들어 지금의 남극 빙하가 다 녹을 경우 해수면은 평균 60미터 정도 올라가 해안가의 도시들의 많은 부분들이 물에 잠기게 된다. 또한 빙하가 녹은 차가운 물들이 주위의 바다로 대량 밀려들 경우 해수의 온도와 해류를 바꿔 라니냐 현상과 같은 기상 이변을 일으키며 그에 따른 급격한 생태계의 변화를 가져올 것이다. 이럴 경우 주거지와 경작지가 상대적으로 줄어들어 식량 문제와 주거 문제도 발생할 것이다.

　우리 태양계의 수성이나 목성의 경우에는 자전축이 똑바로 서 있고(수성 0도, 목성 3도) 천왕성의 경우에는 자전축이 98도 기울어져 있는데, 우리가 생존대 내에 위치하고 있더라도 이렇게 자전축이 똑바로 서 있거나 기울어졌다면 지구는 인간이 살기에는 부적합한 행성으로 변하였을 것이다.

c. 적당한 자전 속도와 공전 속도를 가진 지구

인간의 생체리듬과 그에 따른 모든 사회적 활동은 우리가 살고 지구의 자전 속도에 절대적인 영향을 받고 있다. 지구의 자전 속도는 24시간으로 낮과 밤이 12시간씩이다. 그래서 하루 약 8시간 일하고 8시간 정도는 여가 생활을 하며 8시간 정도는 수면을 취할 수 있는 아주 이상적인 시간 체계를 마련해 준다. 하지만 지구와는 달리 태양계 내 다른 행성의 자전 속도는 제각각인데 우리가 이런 행성에 살고 있다면 지구와는 판이한 생체리듬에 따라야 했을 것이다.

목성에서의 자전 속도는 지구보다 짧은 10시간 정도여서 낮과 밤이 약 5시간 정도가 된다. 우리가 이런 목성의 자전 패턴에 맞게 살아 갈려면 약 3시간 정도는 일하고 3시간 정도는 여가 시간을 가지며 3시간 정도 잠을 자야 할 것이다. 지루하지 않아 좋을 것 같지만 아침에 출근하는데 서울처럼 차가 막힌다면 회사에 도착하기도 전에 퇴근 시간이 되어 다시 집으로 돌아와야 할 경우가 생기며 집에 와서 조금 쉬려고 하면 금방 잠잘 시간이고 또 잠자리에 누워 조금 뒤척이면 벌써 아침 해가 돋는 아주 비생산적인 행성에 살고 있을 것이다.

하지만 이런 불편함보다 더 심각한 것은 환경의 변화이다. 지구상에서 바람이 생기는 원인은 기압 경도력, 마찰력, 그리고 지구 자전에 의한 전향력(코리올리 힘)의 상호작용에 의해 발생하게 된다. 그런데 우리가 자전 속도가 지금보다 2배 이상 빠른 행성에 산다면 자전에 의한 전향력도 함께 커져서 바람의 세기가 더욱더 강하여지게 된다. 코리올리 힘은 극지방보다 적도지방에서 가장 큰데 태풍 시기와 맞물리면 지금보다도 훨씬 더 강력한 태풍이 일어나 농작물 피해와 홍수에 의한 피해가 아주 심각할 것이다.

이와는 반대로 우리가 자전 속도가 느린 행성에서 산다면 어떤 일이 일어날까? 금성에서의 자전 속도는 243일이며 낮과 밤이 약 122일 정도가 된다. 이럴 경우 태양을 향하는 면은 122일 동안 태양에 노출되어 모든게 이글거릴 정도로 온도가 올라갈 것이면 그 반대편은 깜깜한 암흑 속에 모든 게 얼 정도로 온도가 내려갈 것이다. 이런 상황에서는 농작물 재배도 힘들어 기상재해뿐만 아니라 심각한 식량난도 초래될 것이다.

자전 속도가 느릴 경우 더욱 심각한 다른 문제가 발생한다. 지구 내부에는 금속으로 된 핵이 존재하며 지구의 자전에 따라 금속핵에 대류현상이 일어나게 되며 그 결과로 강력한 자기장을 발생하게 만든다. 그런데 자전 속도가 느리면 대류 현상이 일어나지 않게 되어 자기장이 발생되지 않는다. 이럴 경우 태양과 우주로부터 오는 해로운 방사선을 막아 주는 자기 방패막이 형성되지 않아 해로운 우주선에 직접 노출되어 생명체의 생존에 큰 위협을 받을 수 있다.

행성의 자전 속도뿐만 아니라 행성이 태양 주위를 한 번 도는 데 걸리는 시간인 공전 속도도 생명체의 생활 패턴에 큰 영향을 미친다. 지구의 공전 속도는 365일로 일 년에 약 3개월 단위로 봄, 여름, 가을, 겨울을 가지게 된다. 만일 우리가 수성처럼 공전 주기가 짧은 행성에 살고 있다면 어떨까? 수성의 공전 주기는 지구의 1/4인 약 88일로 봄, 여름, 가을, 겨울이 22일 주기로 바뀌게 된다. 계절이 약 3주일 주기로 바뀌게 되면 급변하는 계절에 적응하기 위해 지금보다도 훨씬 더 번거로운 삶을 살게 될 것이다. 지구상 대부분의 농작물은 파종을 하고 작물을 거두어 들이는 데 한 해가 걸린다. 그런데 계절이 3주 단위로 급격히 변한다면 작물이 익을 시간이 충분하지 않거니와 조금 익었더라도 곧바로 온 겨울에 의해 얼어 버릴 것이다. 그럴 경우 인간의 생존에 직접적인 영향을 미치는 식량부족 사태를 야기할 것이다.

이와는 반대로 지구의 공전 주기가 해왕성처럼 164년이 되면 어떻게 될까? 이를 경우 봄, 여름, 가을, 겨울의 길이가 약 40년 정도씩 되어 인간을 포함한 동식물들의 생존에 심각한 영향을 미칠 것이다. 공전 주기가 일년인 지구에서도 평년보다도 겨울이 길 경우 많은 동식물들이 추위와 굶주림으로 얼어 죽게 되는데 지금보다 40배나 긴 겨울을 맞는다면 많은 동물들이 멸종될 것이다. 우리 인간의 경우에도 겨울 40년 동안 농작물을 재배할수 없다면 식량 부족으로 생존에 큰 영향을 받을 것이다.

d. 너무 작지도 크지도 않는 적당한 크기의 지구

지구의 크기도 지구상에 살고 있는 인간의 생존과 밀접한 연관을 가지고 있다. 우리가 이 지구상에 살면서 한 번도 깊이 생각해 보지 않은 지구의 크기가 우리 인간의 생존에 중요한 영향을 미친다는 사실이 생소하게 들릴지 모르겠지만 지구의 크기는 인간뿐만 아니라 지구상의 모든 생명체에 큰 영향을 미친다. 그럼 지구의 크기가 어떤 영향을 미치는지 한번 알아보도록 하자.

만일 지구가 지금보다 반으로 작아진다면 어떤 일이 벌어질까? 이럴 경우 지구의 질량은 반경의 세 제곱에 비례하므로 1/8로 줄어들고, 지표면의 중력은 질량에 비례하고 반경의 제곱에 반비례하므로 지금보다 반으로 줄어든다. 우리가 매일 숨 쉬고 있는 지구의 공기는 질량을 가지고 있기 때문에 지구 중력의 영향을 받게 된다. 따라서 지표면 근처에는 공기의 밀도가 높고 산으로 올라갈수록 공기 밀도가 희박해진다. 그런데 지구가 반으로 작아지면 중력이 적어지고 이에 비례해 지구 탈출속도가 줄어들게 된다. 그럴 경우 공기 입자들의 자유 운동 속도가 지구 탈출 속도보다 커지는 상황이 생겨 많은 공기가 대기권 밖으로 달아나게 된다. 이렇게 되면 지구는 공기가 점차 희박해져서 공기로 호흡하는 모든 동식물들은 생존할 수 없게 된다. 얼마나 심각한 문제인가? 실제로 지구의 반밖에 안 되는 화성에서는 적은 중력으로 말미암아 공기의 대부분이 우주로 달아나서 현재 남은 공기는 지구의 1% 정도밖에 안 되며, 지구의 1/4밖에 안 되는 달에는 화성보다 더 적은 중력으로 오래전에 공기가 우주 밖으로 다 날아가 버렸다.

중력이 적어지면 공기가 없어지는 것 외에 우리의 신체에도 변화가 일어난다. 우주 비행사들이 중력이 약한 우주 공간에 가면 관절이 늘어나듯이

태양계 행성의 크기 비교

사람들의 키가 약한 중력으로 인하여 지금보다 더 커지며 걸음걸이는 중력이 적은 달에서의 아폴로 우주인처럼 깡충깡충 뛰는 걸음걸이가 될 것이다. 성냥개비처럼 삐쩍 마른 사람이 토끼처럼 깡충깡충 뛰어다닌다면 얼마나 우스꽝스러울 것인가? 그런데 다행히도 창조주 하나님께서는 하나님의 형상을 따라 아름답게 창조된 우리가 이런 우스꽝스런 모습이 되지 않도록 지구를 적당한 크기로 만들어 놓으셨다.

그와 반대로 만일 지구의 크기가 지금보다도 더 컸다면 어떻게 되었을까? 지구의 크기가 커져서 야기되는 문제 역시 중력과 연관되어 있다. 지구의 중력이 커지면 수소나 헬륨 등 가벼운 기체뿐만 아니라 몸에 해로운 암모니아나 메탄 같은 기체들이 우주로 탈출을 못 하고 대기에 점점 쌓이게 된다. 이렇게 되면 중력이 큰 목성처럼 지구의 대기 성분이 바뀌게 되는데 생명 활동에 필요한 산소보다는 몸에 해로운 메탄 같은 유독 가스들이 쌓이게 되어 아예 생존 자체가 불가능하게 된다.

지구의 크기가 커져서 생기는 또 다른 위협은 커진 중력으로 인해 지금보다도 훨씬 더 많은 운석들을 지구로 끌어당겨 우리의 생존에 직접적인 피해를 입히게 된다는 사실이다. 운석이 지금보다 더 많이 떨어진다면 운석이 어디로 떨어지게 될지에 대한 운석 예보가 일기 예보보다 더 큰 비중을 차지하게 될 것이다. 외출 시에는 모든 사람들이 두꺼운 헬멧을 착용해야 할 것이며 집이나 자동차들은 모두 두꺼운 철판으로 무장하여 떨어지는 운석에 대비해야 될 것이다. 또한 지구의 중력이 커지게 되면 무거운 중력을 이기고 걸어 다니기 위해 모든 사람들이 코끼리 다리처럼 튼튼한 다리를 가지고 어슬렁어슬렁 걷게 될 것이며 키도 잘 자라지 않게 될 것이다.

지구의 크기 변화에 따른 산소의 상대적인 구성 성분 비율도 인간의 생존에 큰 영향을 미친다. 만일 현재 대기의 21%를 차지하고 있는 산소의 양이 지금보다 적다면 어떨까? 그렇게 되면 당연히 숨쉬기가 힘들 뿐만 아니라 많은 산소가 요구되는 스포츠 활동은 결코 할 수 없는 제한적인 삶을 살게 될 것이다. 야트막한 야산에 올라가는데도 산소통을 지고 가야 될지도 모르는 상황이다.

이와 반대로 만일 산소가 지금보다 많이 존재한다면 어떻게 될까? 이 경우 신선한 산소를 많이 마실 수 있어 좋겠지만 많은 산소로 인하여 지구는 항상 불난리를 겪게 될 것이다. 가령 캠핑을 가서 캠프파이어를 한다고 생각해 보자. 산소가 적다면 불이 안 붙어 걱정이겠지만 산소가 많으면 불이 너무 잘 붙고 불타는 시간이 너무 짧아 곤란을 겪을 것이다. 용접기의 불꽃이 쇠를 자를 수 있는 것은 지속적인 산소의 공급으로 화력이 높아져 가능한 일이다. 따라서 산소가 과다하게 많다 보면 나무에 불을 붙여도 연소 시간은 짧고 화력이 높아 냄비로 밥을 짓는다면 웬만한 기술이 아니면 항상 삼층밥을 지을 것이며 일상 생활에 있어서도 쉽게 불꽃이 발화하여 어느 공무원들보다 소방 공무원들이 더 많을 것이다.

산소가 많아서 생기는 또 다른 문제점은 산소원자 3개가 모인 오존이 지나치게 많이 생성된다는 점이다. 오존을 호흡 중에 많이 들이켜면 우리 허파에 손상을 주어 위험하며 특히 호흡기 질환이 있는 사람에게는 치명적이다. 이런 이유로 오존 주의보가 발령되는데 오존이 지나치게 많다면 외출 시에 누구나가 다 오존을 정화해 주는 마스크를 쓰고 나가야 되는 불편한 세상이 될 것이다.

e. 해로운 우주선들을 걸러내는 방패막을 가지고 있는 지구

지구는 우주 공간으로부터 끊임없이 쏟아지는 우주선(Cosmic ray)에 노출되어 있다. 대부분은 가까운 태양으로부터 태양풍과 같이 방출되는 하전 입자들이거나 초신성의 폭발로 생긴 입자들이다. 이런 입자들이 걸러지지 않고 지구로 바로 들어올 경우 지구 생명체의 생존에 심각한 영향을 미친다.

그 첫 번째 영향은 하전 입자들의 높은 에너지로 인해 세포가 파괴되거나 돌연변이를 일으키게 되는 것이고 두 번째 영향은 이런 하전 입자들이 당구공이 다른 당구공을 밀어내듯이 때려내기 작용(Sputtering)에 의해 지구 상층 대기의 공기들을 우주 공간으로 날려 보내어 공기가 줄어들게 만든다는 것이다. 우리가 숨쉴 수 있는 지구상의 공기를 감소시키니 얼마나 심각한 문제인가? 실제로 화성에서의 자기장은 지구 자기장의 약 만 분의 일 정도가 되는데 이런 약한 자기장으로 인해 그나마 조금 남아 있는 이산화탄소로 이루어진 대기가 이 때려내기 작용에 의해 점점 더 희박해지고 있다. 그런데 다행히도 우리 지구는 이런 위험한 현상을 방지해 주는 효율적인 자기 방패막을 가지고 있다.

지구 내부에는 철과 니켈로 이루어진 액체 상태의 금속핵이 있는데 지구의 자전으로 인해 이 금속핵이 대류 현상을 일으키게 되면 자기장이 발생하고 이렇게 생긴 지자기는 다음 그림에 나타난 것처럼 지구 전체를 감싸는 거대한 자기권을 형성한다. 태양 활동에 의해 태양풍과 함께 불어오는 하전 입자들이 지구 근처로 다가올 경우 이렇게 형성된 거대한 자기권에 의해 지구상으로 바로 들어오지 않고 자기권계면을 따라 비켜나간다. 그런데 지구상에 자기 방패막이 조금 약한 곳이 있는데 그곳이 남극과 북극 지방이다. 하전 입자들이 극지방에 들어오면 상층 대기와 충돌하면서 방전을 일으키는데 그게 바로 형형색색으로 빛나는 오로라로 나타난다.

이런 자기 방패막이 없을을 경우 고에너지 우주선들이 여과 없이 들어와 생명체들의 세포를 파괴하고 유전자 변이를 일으켜 생존에 치명적인 영향을 미쳤을 것이다.

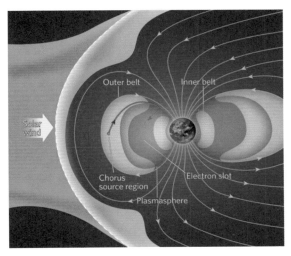

몸에 해로운 우주선들이 지구 자기권에 의해 비켜나가는 모습

f. 예외적으로 큰 달을 하나 가지고 있는 지구

달은 지구 생명체의 존재에 중요한 영향을 미친다. 우리가 항상 밤하늘에서 보아왔던 달이 우리의 생존과 무슨 연관이 있을지 궁금하겠지만 2가지의 중요한 영향이 있다. 하나는 지구 자전축의 안정화이고 다른 하나는 조석력을 발생시켜 해양 생태계를 유지하는 것이다.

먼저 달에 의한 지구 자전축의 안정화에 대해 알아보자. 우리가 앞서 살펴보았듯이 지구의 자전축은 23.5도로 기울어져 있어 지구상의 생태계가 쾌적하게 살 수 있는 계절의 변화를 가져다준다. 그런데 지구의 자전축이 이렇게 23.5도로 일정하게 유지될 수 있는 이유는 지구 가까이에 있는 달의 존재 때문이다. 만일 지구 가까이에서 지구 자전축을 안정시키는 달이 없다면 어떤 일이 일어날까? 달이 없을 경우 지구에 가장 큰 중력을 미치는 것은 태양과 태양계에서 가장 큰 행성인 목성이다. 따라서 지구가 태양 주위를 공전하면 태양과 목성의 상대적인 위치에 따라 지구가 받는 중력이 달라진다. 이렇게 중력이 달라지면 지구는 그에 대응하여 자전축이 흔들리게 되는데 자전축의 방향이 바뀌면 앞에서 언급하였듯이 심각한 기후 변화와 그에 따른 기상 재해가 발생한다. 인류가 생존하는 동안 단 한 번만이라도 지축이 변화되어 바로 서거나 또는 90도로 기울어진다면 지구 생태계의 많은 부분이 붕괴될 것이며 인류의 생존 역시 심각한 위험에 직면할 것이다.

태양계 내의 지구형 행성에서 우리 지구처럼 커다란 달(반지름=1,740km)을 가진 행성은 예외적인데 같은 지구형 행성인 수성이나 금성에서는 아예 달이 없고 화성에는 그리이스 신화에 나오는 포보스와 데이모스의 이름을 딴 2개의 달이 있지만 반지름이 달의 0.6%인 약 10km 정도로 아주 작다. 실제로 지구와 비슷한 크기의 자매 행성인 화성에서는 큰 달이 없으므로 인하여 야기되는 자전축의 변화를 관찰할 수 있는데 아래 그림은 지난 600백만 년 동안 화성이 겪은 자전축과 이심률의 변화를 보여 주고 있다. 그림을 보면 화성의 자전축과 이심률은 약 15만 년 주기로 크게 진동하며 과거 6백만 년 동안 자전축은 15도에서 45도까지, 이심률은 0.01에서 0.11까지 변하였음을 알 수 있다. 만일 우리 지구에 이런 자전축과 이심률의 변화가 있었다면 격심한 기상 이변으로 인해 우리가 지금 이 자리에 존재하지 않았을지도 모를 것이다.

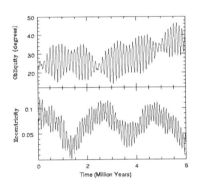

과거 600만 년 동안의 화성 자전축(위쪽)과
이심률(아래쪽)의 변화

　　이제 달의 조석현상이 해양 생태계에 어떤 영향을 미치는지 알아보자. 아래 그림에 나타난 것처럼 달의 조석 현상은 밀물과 썰물을 발생시키며 이에 따른 해류의 움직임을 발생해 갯벌에서 생활하는 어패류에 풍부한 산소와 영양분을 전달한다. 또한 밀물과 썰물에 의한 해류의 움직임은 해양 생태계 먹이사슬 구조의 가장 기본인 플랑크톤에 풍부한 산소를 공급해 주고 영양분이 풍부한 하층의 영양염을 상층으로 퍼올리는 용승류를 발생시켜서 플랑크톤에게 영양을 제공하며 유영력이 없거나 미약한 플랑크톤을 여러 곳으로 퍼트려 많은 물고기들의 먹이로 공급해 주는 역할을 한다.

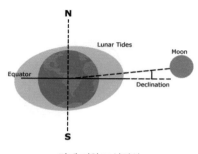

달에 의한 조석현상

　밀물과 썰물의 또 다른 중요한 역할은 강에서 흘러온 영양분이 많은 민물을 바닷물과 섞는 역할을 한다. 달에 의한 조석 간만의 차이가 없을 경우 염분 농도가 높은 무거운 바닷물은 아래로 가라앉고 강에서 유입되는 영양분이 풍부한 가벼운 물은 상층에 떠 있는 성층화 현상이 일어난다. 이런 성층화가 일어나면 상층에 집중된 영양분을 먹이로 하는 적조 플랑크톤이 대량 번식하여 다음 그림에 나타난 것처럼 적조가 발생한다. 또한 그 맹독성 적조를 먹은 어패류는 폐사되며 대량으로 번식된 플랑크톤의 잔재들이 바다 밑바닥에 쌓이면 세균들이 이들을 분해시키면서 대부분의 산소를 고갈시키게 된다. 대량 번식된 플랑크톤들은 물고기의 아가미에 붙어서 물고기를 질식시키기도 하며 편모조류 플랑크톤인 코콜리디니움은 독을 내뿜어 물고기를 죽이기도 한다.

　또한 조석 현상이 없으면 그나마 조금 남아 있는 산소를 포함하고 있는 상층부의 물이 아래층으로 전달되지 않아 그곳에 살고 있는 어류들의 대량 사멸을 불러오는데 이럴 경우 육지 근처에서 살고 있는 작은 물고기를 먹이로 하는 큰 물고기들도 먹이가 없어져 궁극적으로 해양 생태계의 대붕괴를 가져올 수 있다. 우리나라에서 여름철 장마로 많은 비가 내려 강물이 바다로 유입되면 그 후 적조 현상이 일어나는 것도 이 성층화 현상 때문인데 조석 간만의 차이가 큰 서해안이나 물살이 빠른 동해안에서는 강물과 바닷물이 잘 섞여 그나마 적조 현상이 적게 생기는 반면 섬들이 많아 물의 흐름이 대체적으로 느린 남해안에서 적조 현상이 많이 일어나는 것도 이와 같은 이유 때문이다.

적조현상에 의해 붉게 변한 바다

이렇듯 달에 의한 조석현상은 바닷물에서는 하층의 영양염을 상층으로 퍼올려 플랑크톤에 먹이를 공급하고 민물과 바닷물이 만나는 곳에서는 두 물이 잘 섞이게 하여 플랑크톤이 지나치게 많이 발생하여 적조현상이 일어나는 것을 방지하는 중요한 역할을 한다. 따라서 달이 존재하지 않아 이런 조석현상이 생기지 않았다면 해양 생태계의 많은 부분이 붕괴되었을 것이며 생선이나 새우가 어떻게 생겼는지 알지도 못했을 것이다.

그런데 만일 지구가 달을 가지고 있다고 하더라도 현재의 달보다 크기가 작다면 지축 안정화 작용이 효율적이지 않을 것이고 거꾸로 지금보다 크다면 달과 지구 사이의 중력이 커져서 달이 지구 중력에 끌려와 지구와 충돌하였거나 아니면 그만큼 커진 달의 큰 중력으로 인해 조석력도 함께 커져 해안가의 많은 도시들이 밀물 때마다 물에 잠기게 될 것이다. 그리고 지금과 같은 크기의 달이 있다 하더라도 현재 있는 달의 위치보다 더 가까이 위치하거나 아니면 더 멀리 떨어져 있더라도 위와 같은 현상을 겪게 될 것이다.

이렇게 우리에게 좋은 영향을 주는 달도 두 개가 있었더라면 또 큰 문제를 발생시켰을 것이다. 증가된 조석력에 의해 수십에서 수백 미터의 파도와 그에 따른 쓰나미, 그리고 증가된 중력에 의한 지구 화산 활동과 지진의 증가로 험난한 자연환경을 가지게 되었을 것이다.

9. 태양계의 진공청소기인 목성에 의해 보호받고 있는 지구

목성은 태양계의 가장 큰 행성이며 지구보다도 11.2배 크고 무게는 318 배 무겁다. 목성의 존재가 우리의 생존에 어떤 연관이 있을까 하고 궁금해 하겠지만 목성 역시 달과 못지않게 우리의 생존에 중요한 역할을 한다. 우리 태양계에는 화성과 목성 사이 그리고 목성 궤도 근처에 소행성대가 존재하는데 궤도를 이탈한 소행성들과 주기적 또는 비주기적으로 태양을 방문하는 혜성들이 지구에 큰 위협을 줄 수 있다. 이런 소행성들이나 혜성 또는 이들의 부서진 파편들이 지구상에 떨어지는 것을 운석이라고 부르는데 지금 이 시간에도 수많은 운석들이 지구 대기권으로 떨어지고 있다. 아래 그림은 지구로 떨어지는 운석의 크기와 그러한 운석이 얼마나 자주 떨어지는가를 보여 주는 그림이다. 직경 1미터 정도인 운석은 한시간에 하나 정도로, 수 미터 크기의 운석은 매일 한 번 정도 그리고 집채만 한 수 미터에서 10미터 크기의 운석은 일 년에 한 번 정도로 지구상에 떨어진다. 대기권으로 돌입하는 운석의 직경이 10미터 이하일 경우 대부분은 공기와의 마찰로

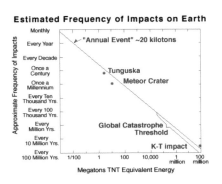

지구상에 떨어지는 운석의 크기와 빈도수를
보여 주는 그림

인해 대기 중에서 다 타 버려 실제로 지표상에 어떤 충격을 주지 못하지만 문제는 그보다 더 큰 운석이 지구로 떨어질 경우이다.

이러한 운석들이 지표상에 떨어지면 심각한 재난을 불러일으킨다. 실제로 1908년 소련 통구스카 지역에서 약 60미터 크기의 운석이 떨어지면서 지표상에서 폭발을 하였는데 그 충격에 의해 서울 면적 3배 정도가 되는 지역에서 약 8천만 그루의 나무가 쓰러졌다고 한다(그림 참조). 이런 크기의 운석은 1세기에 한 번 정도로 떨어지며 그 폭발력은 히로시마 원폭 1000개에 해당한다. 100미터 크기의 운석은 천 년에 한 번 정도, 1km 크기의 운석은 백만 년에 한 번 정도에 그리고 백악기 말인 6천 5백만 년 전에 멕시코의 유카탄 반도에 떨어져 지구상의 공룡들을 멸종시킨 약 10km 크기의 운석은 1억 년에 한 개 정도가 떨어진다. 100m 크기의 운석이 떨어지면 약 1km 정도의 운석 구덩이가 생기며 수백 메가톤의 TNT를 터트린 것과 같은 충격을 미쳐 우리나라 정도의 땅을 초토화시키고 만일 그 운석이 바다에 떨어질 경우 엄청난 쓰나미로 인해 해안가에 있는 대부분의 도시들이 물에 휩쓸리게 된다.

통구스카에 떨어진 운석에 의해 한 방향으로 쓰러진 나무들

목성이 지구상의 생명체에 중요한 이유는 이렇게 지구에 큰 위협을 주는

운석들을 우리 지구 대신에 끌어들여 지구를 지켜 주는 방패막 역할을 한다는 데 있다. 계산에 의하면 직경이 1km 이상의 주기 혜성들의 경우 목성이 지구보다 약 5,000배 정도나 혜성들을 잘 포획하는데 만일 우리 지구 가까이에 목성이 없었다면 이런 혜성들이 목성 대신에 우리 지구에 떨어져 엄청난 피해를 입혔을 것이다.

목성의 큰 중력이 실제로 혜성을 포획하는 장관이 1994년에 벌어졌다. 다음 그림은 목성의 중력에 의해 여러 조각으로 부서진 슈메이커-레비 혜성과 이 혜성의 부서진 조각들을 목성이 진공청소기처럼 빨아들여 목성 표면에 부딪치는 장면을 허블 우주 망원경이 관측한 사진이다. 사진에 갈색으로 보이는 부분들이 혜성 조각이 부딪친 지점인데 부딪힌 혜성 중 가장 큰 조각은 지름이 약 2km 정도로 만일 이것이 목성 대신 우리 지구에 떨어졌다면 북미 대륙 정도의 땅을 초토화시킬 수 있는 위력이었다.

슈메이커-레비 혜성의 부서진 모습과 목성 하단에 충돌한 모습

그런데 한 가지 중요한 사실은 목성이 지구로부터 지금보다 더 멀리 떨어져 있었거나 또는 지금의 크기보다 조금 더 작았다면 지구에 이렇게 큰 위협을 줄 수 있는 많은 운석들을 잘 포획하지 못했을 것이다. 적당한 크기의 목성이 지구로부터 적당한 거리에 존재하여 지구를 위험한 천체들로부터 지켜 준다는 것이 얼마나 다행인가?

h. 판구조론에 의해 자동 온도 조절이 되는 지구

판구조론(Plate tectonics)은 지각을 구성하고 있는 판들이 지구 맨틀의 대류현상으로 인해 움직이며 이에 따라 지진과 화산활동이 일어나며 습곡과 산맥 등이 형성된다는 설이다. 그렇다면 이 판구조론이 우리의 생존과 무슨 연관이 있을까? 결론부터 말하면 판구조론은 지구의 온도를 자동으로 조절하여 지구상의 물이 얼거나 또는 끓지 않도록 해 준다.

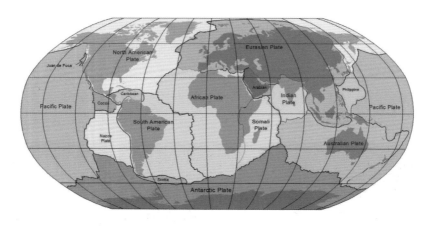

지각을 구성하고 있는 여러 판들

판구조론이 어떻게 지구의 자동 온도 조절기 역할을 하는지 알아보자. 지구의 온도는 여러 요인들에 의해 결정되는데 그중 가장 중요한 것들은 태양으로부터 지구에 도달하는 태양 에너지의 세기와 그 태양 에너지가 실제로 지구상에 흡수되는 양 그리고 지구 대기의 수증기, 구름, 이산화탄소에 의한 온실 효과에 달려 있다. 태양에서 도달하는 빛은 지구상의 대기를 잘 통과하지만 일단 지표면에 한 번 반사되면 난반사가 되고 파장이 길어져 대기 중의 온실효과 가스에 흡수된 후 반은 우주로 방출되고 반은 지구 상으로 방출되어 지구가 더워진다.

온실효과 일으키는 가스들은 이산화탄소, 메탄, 오존 등이 있는데 가장 큰 영향을 미치는 것은 이산화탄소이다. 대기 중에 이산화탄소가 많을 경우 온실효과가 커져서 지구 전체의 온도가 올라가고 적을 경우에는 온실효과가 적어 지구의 온도가 내려간다. 지구상 이산화탄소의 대부분은 화산 활동에 의해 분출된 것이며 최근에 화석연료와 같은 인간활동에 의해 분출되는 양이 늘어났다. 이렇게 분출되어진 이산화탄소는 풍화작용에 의해 생성된 규산염 광물과 반응하여 탄산칼슘(주로 석회석)을 생성하면서 대기 중에서 제거된다.

그런데 대기 중에 이산화탄소가 많아 지구의 온도가 올라가면 규산염 광물의 풍화작용도 함께 상승한다. 이렇게 풍화작용이 상승하면 더 많은 규산염 광물이 생성되어 대기 중의 이산화탄소와 많이 반응하여 석회석을 만들면서 이산화탄소량을 감소시키고 그렇게 되면 감소된 이산화탄소로 인한 온실효과도 감소되어 지구의 온도가 내려간다.

이렇게 하여 지구의 온도가 내려가면 규산염 광물의 생성도 함께 감소하며 이산화탄소와의 반응이 작아져 대기 중에 이산화탄소의 비율이 올라가고 온실효과도 올라가면서 지구의 온도가 점점 상승한다. 지구의 온도가 상승하면 또다시 이와 같은 사이클을 거쳐 지구의 온도를 언제나 적정 상태로 유지하게 된다. 즉, 지구의 온도가 자동 조절된다는 이야기다.

다음 그림은 과거 80만 년 동안 지구의 자동 온도 조절이 어떻게 작동되었는지를 보여 주는 그림이다. 이산화탄소량이 증가했을 때는 지구의 온도가 증가하고 이산화탄소가 감소하면 지구의 온도도 감소함을 보여 주고 있다.

그런데 놀라운 것은 이산화탄소에 의한 자동 온도 조절 작용이 판구조론

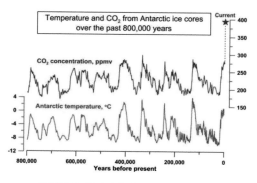

이산화탄소 증가량과 지구 온도의 상관 관계

에 의한 지각의 이동이 없다면 작동하지 않는다는 사실이다. 다음 그림처럼 지구는 화산활동을 통해 이산화탄소를 대기 중으로 분출하고 이렇게 분출된 이산화탄소는 풍화작용으로 생성된 규산염 광물과 반응하여 석회석으로 변해 바닷속의 침전물 형태로 퇴적된다. 바닷속에 퇴적된 석회석은 해저 지각의 한판이 다른 판 아래로 들어가는 섭입(subduction) 작용에 의해 지구 내부로 들어가 뜨거운 열에 의해 녹으면서 마그마 분출과 함께 이산화탄소를 다시 대기 중으로 방출한다.

만일 판구조론에 의한 섭입 작용이 없다면 바닷속에 퇴적된 석회석은 계속 쌓여 바닷속에만 머물게 되고 그렇게 되면 이산화탄소가 대기 중으로 방출되지 않아 온실효과가 줄어들면서 지구의 온도가 급격히 내려가게 된다. 만일 역사상 한 번이라도 이 사이클이 깨어져 작동하지 않았다면 지구상에 생명체가 존재하기 힘들었을 것이다. 왜냐하면 온도가 내려가 바닷물이 얼 정도까지 되면 태양으로부터 오는 대부분의 빛은 지구에 흡수되지 않고 얼음에 반사되는데 이렇게 되면 더 이상 돌이킬 수 없는 '일방적인 빙실 효과(runaway icehouse effect)'에 의해 지구가 얼음에 덮인 행성으로 변할 것이기 때문이다.

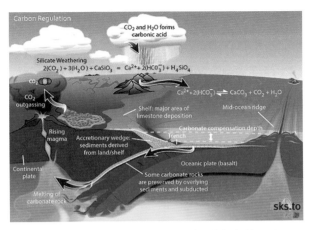

판구조론의 섭입 작용에 의해 이산화탄소가 순환되는 모습

　지구 자동 온도 조절에 중요한 역할을 하는 이 판구조론이 어떻게 시작되었고 또한 오랜 기간 동안 어떻게 유지되었는가에 대한 연구가 극히 최근에야 이루어지고 있다. 연구가 거듭되면 될수록 판구조론에 대한 신비로운 사실이 밝혀지고 있는데 최신 연구 결과에 의하면 만일 지구의 크기가 현재보다 20% 정도 크거나 또는 적거나, 지각에 포함된 철이나 니켈 등의 금속 성분이 지금보다 조금 많거나, 또는 지각의 두께가 지금보다도 더 두껍거나 하였다면 판구조론이 정상적으로 작동되지 않았다고 한다.

　판구조론이 지구상의 생명체에 중요한 또 다른 이유는 앞서 언급한 지구 자기장과의 연관성이다. 지구 내부의 액체 금속핵은 온도의 차이가 있어야만 대류 운동이 일어나게 되는데 만일 판구조론에 의해 지각이 움직이지 않았더라면 지구 내부 금속핵의 온도가 균일하게 유지되어 대류 운동이 일어나지 않았을 것이고 따라서 지구 자기장이 형성되지 않았을 것이다. 그럴 경우에는 생명체에 위협을 주는 해로운 우주선들이 아무런 제지 없이 지구상으로 쏟아져 들어와 지구상의 생명체들의 세포를 파괴하고 또한 우리가 숨쉬는 공기를 우주로 달아나게 만들었을 것이다.

　지구가 적당한 두께의 지각을 가지고 있고 그 지각이 판구조론에 의해 서서히 이동하여 대기 중에 0.03%밖에 되지 않는 이산화탄소를 순환시켜서 지구가 자동으로 온도 조절이 되게 하는 게 얼마나 신비스러운가?

i. 적당한 크기의 태양을 에너지 원으로 가지고 있는 지구

우리 태양계에 있어 물이 얼지도 않고 끓지도 않은 영역을 생명체들이 살수 있는 생존대라고 하였는데 이 생존대는 우리가 어떤 별 주위에 사느냐에 따라 그 영역이 달라진다. 다음 그림에 나타난 것처럼 태양보다 작은 별주위에 살면 별의 복사열이 적어 생존대는 그 별에 더 가까이 위치하게 되고 태양보다 큰 별 주위를 산다면 많은 복사열 때문에 생존대가 그 별에서 더 멀어지게 된다.

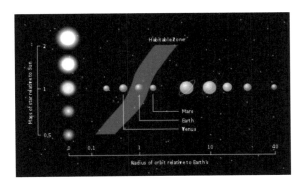

별의 크기에 따른 생존대의 변화

별의 질량이 적어 생존대가 그 별에 가까이 위치할 경우 지구와 달의 경우처럼 조석 잠김 현상이 생기는데 그렇게 되면 그 별과 행성이 동주기 자전(Synchronous rotation)을 하게 된다. 양손을 맞잡고 마주보면서 도는 것처럼 동주기 자전을 하게 되면 별을 마주보고 있는 쪽만 항상 햇빛을 받게 되므로 물이 끓을 정도의 온도가 되고 그 반대쪽은 항상 밤이고 모든 게 얼어붙은 동토의 땅이 된다. 따라서 이런 환경의 행성에서는 생명체의 생존은 거의 불가능할 것이다.

반대로 별의 질량이 커서 생존대가 별에서 멀리 떨어져 있을 경우에는 이 생존대의 수명이 오래가지 못한다는 단점이 있다. 왜냐하면 질량이 큰 별들은 질량이 작은 별들에 비해 별의 연료인 수소를 더 빨리 소모하게 되고 헬륨 연소를 시작하면서 적색거성으로 진화하는데 이렇게 되면 별의 크기가 점점 커져서 근처에 있는 행성 자체를 삼킬 정도가 된다. 따라서 오래도록 안전한 생존대에 머물기 위해서는 태양과 비슷한 크기의 별을 지구의 에너지 원으로 가지고 있어야 한다.

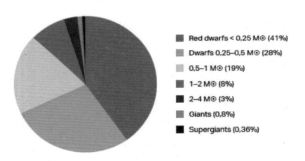

Stellar mass distribution

- Red dwarfs < 0,25 M⊙ (41%)
- Dwarfs 0,25–0,5 M⊙ (28%)
- 0,5–1 M⊙ (19%)
- 1–2 M⊙ (8%)
- 2–4 M⊙ (3%)
- Giants (0,8%)
- Supergiants (0,36%)

별들의 질량 분포도. 대부분의 별들은 태양의 질량(1 M⊙)보다 적다.

별들이 어떤 질량 분포를 보이는지 관측한 데이터인데 별들의 약 88%가 태양보다 가벼운 별들이며 태양 질량의 1-2배 사이에 있는 별들은 8%이고 나머지 4%는 태양보다 2배 이상 무거운 별들이다. 따라서 태양과 같은 질량을 가진 별들을 발견할 확률은 몇 퍼센트 이내로 그렇게 높지 않음을 알 수 있다.

우리가 오랫동안 안정적인 생존대에 머물기 위해서 태양과 비슷한 질량의 별을 우리의 에너지 원으로 가져야 하는 사실 외에 또 하나의 조건이 추가되는데 지구가 쌍성계가 아닌 단성계에 존재해야 된다는 것이다. 우리 인간에게도 쌍둥이가 가끔 태어나지만 태양 질량의 별들 세계에서는 거의 50% 정도가 쌍성계이다. 쌍성계는 근접 쌍성계(Close binary system)와 원격 쌍성계(Wide binary system)로 구분할 수 있다. 근접 쌍성계에서 행성이 돌고 있을 경우는 다음 그림의 상단과 같이 두 별 주위를 돌고 원격 쌍성계의 경우에는 그림의 하단처럼 한쪽 별 주위나 아니면 각각의 별 주위를 돌고 있을 것이다. 만일 우리가 살고 있는 지구에 태양이 둘이라고 가정해 본다면 우리 생명체에 해로운 영향이 많을 것이다. 두 개의 태양으로 인해 우리 지구에 해로운 방사선들이 더 많이 쏟아질 것이고 두 태양의 상대적 위치에 따라 지구의 자전축과 이심률이 항시 변할 것이다. 그렇게 되면 심각한 기후 및 환경 변화를 초래되어 생명체가 살기에 적당한 행성이 되지 못하였을 것이다.

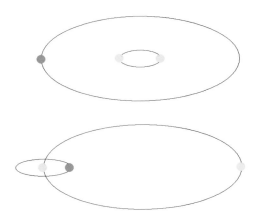

근접 쌍성계일 때(상)와 원격 쌍성계일 때(하)의
가능한 행성 궤도. 노란색이 태양이고 녹색이 행성이다.

j. 은하계의 중심으로부터 최적의 위치에 있는 지구

우리가 앞에서 보았듯이 어떤 별 주위의 특별한 영역에서만 생명체가 살 수 있는 생존대가 존재하듯이 우리 은하계 내에서도 아무 곳이나 생명체가 살 수 없고 특별한 영역에만 생명체가 존재할 수 있는데 이 영역을 은하 생존대(Galactic habitable zone)라고 부른다.

태양계 내에서의 생존대는 생명에 필수적인 물이 액체 상태로 존재하는 영역으로 정의되지만 은하계 내에서의 생존대는 생명체와 지구를 구성하고 있는 중원소 함량이 적당하게 있는가 그리고 초신성이나 감마선 폭발의 위험으로부터 얼마나 안전한 영역에 자리 잡고 있는가 하는 문제와 연관되어 있다. 천문학에서 정의되는 중원소란 수소와 헬륨보다 무거운 원소들을 지칭하는데 이런 중원소들의 함량이 은하 내에서 균일한 분포를 보이는 것이 아니라 은하 중심에서부터의 거리에 따라 다른 분포를 보인다.

어떤 생명체가 유지되기 위해서는 섭취되는 음식물에 그 생명체의 구성 성분에 필요한 영양분이 함유되어 있어야 하고 또한 섭취되는 음식물은 흙으로부터 그 음식물 그 자체가 자라는 데 필요한 영양분을 취할 수 있어야 한다. 예를 들면 밭에 나는 콩은 흙에 있는 영양분을 섭취하여 콩을 만들고 우리는 그 콩을 섭취함으로써 세포가 필요로 하는 단백질을 공급하여 우리 몸을 유지해 나간다. 따라서 우리 지구를 구성하는 물질은 지구상의 생명체가 필요로 하는 유기물을 반드시 함유하고 있어야 하는데 이 유기물질을 구성하고 있는 구성 성분 대부분이 탄소, 질소, 산소와 같은 중원소들이다.

그런데 우리 태양계의 위치가 현재의 위치보다 은하 중심으로부터 좀 더 멀리 떨어져 있었다면 중원소 함량이 부족하여 생명체가 유지되지 못했을 것이고 반대로 은하 중심으로 더 가까이 있었다면 너무 많은 중원소 함량에 의해 생명체의 존재에 역효과를 가져왔을 뿐 아니라 지구의 판구조론이 잘 작동되지 않았을 것이다. 이런 이유로 해서 은하계 내에서의 태양계 위치는 우리 생명체의 존재에 있어 중요한 연관성을 가지고 있다.

우리 지구에 적당량의 중원소가 있어야 되는 또 다른 이유는 지구 내부에 존재하는 방사성 동위 원소의 함량과 연관이 있다. 지구는 태양으로부터 오는 열 에너지뿐만 아니라 지구 내부에 토륨과 우라늄 같은 방사성 동위 원소들의 붕괴로 발생하는 열 에너지에 의해 데워지고 온도를 유지한다. 만일 지구 내부에 이런 방사선 동위 원소들이 없었더라면 지구는 이미 오래전에 식어서 생명체가 존재하는 행성이 되지 못하였을 것이다. 이와는 반대로 지구 내부에 너무 많은 방사선 동위원소가 존재하였다면 강한 방사선은 물론 지나치게 많은 열 에너지 발생에 의해 바닷물이 끓어 생명체가 살 수 없었을 것이다. 이런 중요한 역할을 하는 방사선 동위원소의 양도 은하 내의 중원소 함량과 같은 분포를 보이는데 만일 지구의 위치가 은하 중심에서부터 외각 쪽으로 더 멀리 떨어져 있었다면 지각 내의 방사성 동위 원소량이 너무 적어 지구가 식었거나 반대로 은하 중심 쪽으로 너무 가까이 있었다면 방사선 동위 원소량이 지나치게 많아 지구의 온도가 너무 높아져서 생명체가 살 수 없는 행성이 되었을 것이다.

우리 지구가 지금보다 은하 쪽으로 좀 더 가깝게 위치했을 때 생기는 또 다른 문제점은 은하 중심으로 갈수록 증가되는 많은 별들로 인해 발생한다. 지구가 속한 태양 주위에 별들이 많을 경우 그 별들에 의한 중력 섭동으로 지구가 태양계 밖으로 튕겨 나갈 위험이 증가되고 또한 소행성이나 혜성들이 지구상으로 더 많이 떨어지는 현상이 일어난다. 한적한 시골에 살던 사람이 주말에 명동이나 동대문 상가로 나가면 많은 사람들과 어깨에 부딪히는 것과 같은 이치이다.

또 지구 가까운 곳에 별들이 많다 보면 근거리에서 발생하는 초신성 폭발이나 감마선 폭발로 인한 감마선이나 엑스선 역시 지구상의 생명체들에 심각한 위협을 주게 된다. 만일 우리 태양계로부터 약 1만 광년 이내에서 감마선 폭발이 일어난다면 상대론적 속도의 고에너지 입자들이 지구상으로 쏟아져 들어와 우리 지구를 감싸고 있는 오존층을 이온화시켜 산화질소 화합물로 전환시키면서 약 40%의 오존층을 파괴시킨다. 오존층이 파괴될 경우 태양으로부터 오는 자외선(UVB)이 걸러지지 않고 대기를 통해 들어와 우리 인간을 포함한 모든 생명체의 DNA를 파괴하여 돌연변이나 피부암을 유발한다. 40% 정도의 오존층이 파괴되면 DNA의 손상률이 현재보다 약 16배까지 증가하며 해양 생태계 먹이 사슬의 기본을 형성하고 있는 식물성 플랑크톤(Phytoplankton)을 다 멸종시킬 수 있는 양 이상의 자외선이 쏟아진다.

다음 그림에서 보는 식물성 플랑크톤이 없어질 경우 해양 생태계는 붕괴할 수 있으며 육상 생물들도 시간이 지남에 따라 해로운 자외선의 영향으로 점점 더 개체수가 감소되어 갈 것이다. 최근 연구 결과에 의하면 이 식물성 플랑크톤이 지구 온난화의 주범인 이산화탄소 순환에 있어서 아주 중요한 역할을 한다는 게 밝혀졌다. 식물성 플랑크톤의 광합성 작용에 의해 제거되는 이산화탄소의 양은 육지에 있는 모든 나무와 풀들이 제거하는 이산화탄소 양만큼 제거한다는 것이다. 이렇게 제거된 이산화탄소는 바다 깊은 해저에 저장되는데 만일 강한 자외선으로 식물성 플랑크톤이 멸종된다면 대기 중의 탄소량이 급격히 늘어 심각한 온실효과를 일으켜 지구의 온도가 급격히 올라갈 것이다. 이렇게 심각한 영향을 미치는 감마선 폭발이 실제로 지구 역사상에 일어난 사건이 있었는데 지금으로부터 약 4억 5천만 년 전 오르도비스기 말에 해양 생태계 약 60%를 멸종케 한 사건이 지구로부터

6,000광년 떨어진 곳에서 일어난 감마선 폭발에 기인한다는 연구 결과가 발표되었다.

해양 생태계 먹이 사슬의 기본이며 지구 온난화를 막아주는
식물성 플랑크톤들

앞에서 언급한 것처럼 중원소 함량이 너무 많지도 적지도 않고 초신성이나 감마선 폭발의 위협을 적게 받는 은하 생존대의 영역을 계산한 논문이 사이언스지에 발표되었는데 그 영역은 은하 중심부로부터 약 2만 3천 광년부터 2만 9천 광년 사이로 추정되었다(다음 왼쪽 그림). 그런데 공교롭게도 우리 지구가 있는 태양계는 은하 중심으로부터 2만 6천 광년 떨어져 있는데 이 거리는 은하 생존대의 정중앙이 되는 위치이다. 그런데 우리가 태양계의 회전 속도와 은하의 회전 속도가 일치하는 동자전 반경(Co-rotation radius)을 고려하면 은하 생존대는 다음 그림의 녹색 영역이라고 할 수 있다. 왜냐하면 이 반경 내에 있는 별들만이 은하 회전에 의해 발생하는 밀도파에 휩쓸리지 않고 안정된 일생을 구가하기 때문이다.

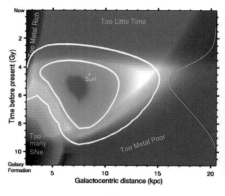

은하계 내에서 생명체가 존재할 수 있는 은하 생존대(녹색)

　우리는 이 장에서 지구만이 가진 특별한 10가지 조건들을 통하여 인간을 위시한 다양한 동식물들이 생존할 수 있는 절묘한 환경들을 살펴보았다. 이러한 10가지의 환경의 어느 한 가지라도 어긋났더라면 지구는 인간이 정상적인 삶을 영위할 수 없는 극한 환경이 되거나 생명체가 살 수 없는 행성으로 남았을 것이다. 이러한 모든 조건을 살펴본다면 지구는 하나님께서 생명체의 생존과 보존을 위하여 특별한 섭리로 창조하시고 보호하시는 우주에서 아주 특별한 행성이라는 것을 믿을 수밖에 없다. 지구가 가진 이러한 환경들과 지구상에 존재하는 모든 생명체들은 너무나 소중한 존재들이다. 이런 특별한 행성에 살고 있는 우리의 존재는 우연의 결과일까? 아니면 창조주 하나님의 특별한 계획 가운데 존재하고 있는 것일까? 다음 장에서는 우리의 존재가 우연의 결과인지 아니면 창조주 하나님의 섭리에 의한 것인지 알아보도록 하자.

창조론과 진화론

현재 교육계는 생명의 기원에 대해 진화론을 정설로 가르치고 있으며 창조론은 비과학적 주장으로 간주하고 있다. 창조론일까? 아니면 진화론일까? 찰스 다윈의 《종의 기원》은 1859년 11월에 출간되었다. 이후 현대 과학은 눈부시게 발전하여 생물학 자체만 들여다보아도 찰스 다윈의 시대에는 결코 연구할 수 없었던 학문의 진보가 이루어져 세포생물학, 미생물학, 생물물리학, 진화생물학, 분자생물학, 생리학 등등 20개 이상의 세부 분야로 다양하게 분화되어 생물학 연구가 진행되고 있다.

현대 과학의 연구 결과에 의하면 진화론이 바른 가설이 되기 위하여는 넘어야 할 산들은 너무도 많다. 생명체의 하드웨어적, 소프트웨어적, 생화학적, 유전학적, 면역학적 산들인데 대부분이 결코 넘지 못할 산들이다. 그중 첫 번째 산이 생명체의 자연 발생설인데 이 문제에 대해 먼저 자세히 알아보고, 다윈의 진화론 명칭이 타당한지, 입자물리학으로 본 창조론, 지적 설계론, 인간이 유인원으로부터 진화하였는지, 외계인은 존재하는지, 동물의 본능과 자연계에서 발견되는 수학을 통해 창조를 조명해 볼 수 있는지에 대해 알아보도록 하자.

a. 최초의 생명체는 지구상에서 어떻게 나타났는가?

최초의 생명체가 지구상에 어떻게 나타났는가에 따라 창조론과 진화론의 진위 여부가 결정된다. 생명체가 자연적으로 나타났다면 진화론이 맞을 것이고 창조주의 개입 없이는 결코 생겨날 수 없다면 창조론이 맞을 것이다.

진화론에서 주장하는 생명체의 탄생 시나리오는 다음과 같다: 원소(C, N, O 등등) → 아미노산 → RNA → 단백질 → DNA → 원핵세포 → 진핵세포 → 세포 분화 → 조직 및 기관 형성 → 다세포 생명체 탄생이다. 아미노산의 형성을 지나, RNA, 단백질, DNA의 형성은 아미노산의 조합이나 염기쌍의 조합 그리고 여러 촉매나 단백질의 개입이 요구되며, 그 이후 세포, 조직, 기관, 그리고 생명체의 형성은 DNA에 설계된 유전 정보를 바탕으로 전사 조절, 후성 유전학적 조절, RNA 간섭 등의 유전자 발현 조절 메커니즘, 세포 외부 신호, 세포 간 상호 작용을 통해 형성된다.

따라서 생명체가 창조되었는지 아니면 진화되었는지의 여부는 우선, 아미노산, RNA, 단백질, DNA가 우연히 형성될 수 있었는지, 그리고 이렇게 형성된 DNA의 유전 정보를 기반으로 여러 유전자 발현 과정을 거쳐 필요한 세포와 기관과 조직이 우연히 생성될 수 있는가에 달려 있다. 진화론에서는 이 모든 과정을 자연선택, 돌연변이, 점진적 진화 등으로 설명하고 있지만 구체적인 설명은 없다. 단지, 오랜 세월이 지나면 그렇게 되었을 거라고 가정한다.

이 장에서는 생명체 형성을 위한 각 단계를 자세히 살펴보고 그 과정들이 우연히 형성될 수 있는지 아니면 창조주의 면밀한 설계에 의해서만 가능한 것인지 살펴보고자 한다.

i. 아미노산의 형성

초기 지구에서 아미노산이 어떻게 생성되었는지 정확히 알려져 있지 않아 실험을 통해 밝히려는 시도가 있어 왔다. 여러 분자들로부터 아미노산을 얻으려는 최초의 실험은 1952년 밀러에 의해 행하여졌다. 밀러는 지구상의 원시 대기가 메탄, 암모니아, 수소, 물로 이루어졌다고 가정한 후, 이혼합기체를 가열 장치, 진공펌프, 방전 장치, 냉각 장치 등으로 구성된 실험기구에 넣어 반응시킨 후 네 종류의 아미노산을 얻었다.

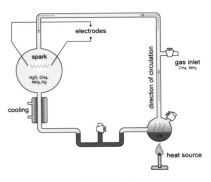

밀러 실험 장치

이 실험에 사용된 가열 장치는 수증기를 발생시키고, 진공펌프는 공기를 없애며, 방전 장치는 번개를 모방하고, 냉각 장치는 생성물을 급히 냉각시키는 장치들이다. 밀러의 실험은 대표적 무신론자인 리차드 도킨슨의《이기적 유전자》를 비롯한 대부분의 생물학 책에서 비판없이 진화론의 기초로 수용되고 있는데 이 실험이 모두에게 인정받기 위해서는 한 가지 중요한 검증을 거쳐야 된다고 본다. 즉, 밀러의 실험이 지구의 원시 대기를 정확히 재현하였는가 하는 검증이다. 그러기 위해서 밀러가 사용한 실험 장치와 실제 지구의 원시 대기를 비교해 보도록 하자.

밀러가 자연에 있는 번개를 모방하기 위해 사용한 방전 장치는 약 5만 볼트의 전압을 사용하고 약 250도의 열을 발생시킨다. 그에 비해 번개는 약 1억 볼트 정도의 전압을 가지며 발생되는 약 5만 도 정도의 열을 발생한다. 이 비교에서 밀러의 방전 장치 온도는 번개에 의해 발생되는 온도와 현저한 차이가 있음을 나타낸다. 또한 밀러의 방전 장치는 방전이 주기적으로 발생하며 실험자는 혼합기체에서 화학반응이 일어나도록 방전의 빈도와 지속 시간을 인위적으로 제어할 수 있다. 이에 반해 번개는 불규칙적이며 지속시간이 상대적으로 아주 짧다. 이 비교에서 밀러의 방전 장치는 자연계의 번개를 잘 재현하지 못함을 알 수가 있다.

지구 원시 대기를 모방하기 위해 밀러가 사용한 혼합기체는 어떤가? 지구 원시 대기의 구성 성분은 혜성의 구성 성분을 분석하면 알 수 있다. 왜냐하면 혜성은 태양계를 만들고 남은 물질이기 때문이다. 아래 표에 나타나 있듯이 혜성의 구성 요소를 분석한 논문을 찾아보면 가장 많은 부분을 차지하는 것은 물이며 그다음은 이산화탄소, 일산화탄소이고 암모니아와 메탄은 아주 적다. 그런데 밀러가 사용한 혼합기체는 혜성에서 두 번째, 세 번째로 많은 이산화탄소와 일산화탄소가 빠져 있다. 즉, 밀러가 사용한 혼합기체는 원시 대기의 구성 성분과 판이하다는 것을 알 수 있다.

물을 100으로 잡았을 때의 혜성 구성 성분 비율

혜성의 구성 성분	구성비	참고문헌
물(H_2O)	100	Pinto et al. (2022)
이산화탄소(CO_2)	12	Pinto et al. (2022)
일산화탄소(CO)	3	Pinto et al. (2022)
암모니아(NH_3)	0.8	Russo et al. (2016)
메탄(CH_4)	0.7	Mumma et al. (1996)

밀러 실험에서의 또 다른 심각한 문제는 지구의 원시 대기가 환원성 대기였다는 가정이다. 여기서 환원성 대기란 산소가 대기에 존재하지 않음을 의미하고 있다. 만일 원시 대기가 산화성이었다면 아미노산은 생성되자마자 바로 산화되어 분해되고 만다. 원시 대기가 환원성이냐 아니면 산화성이냐에 따라 생명체의 가장 기본물질인 아미노산의 생성이 좌우되기 때문에 원시 대기에 대해 많은 연구가 진행되어 왔다.

지금까지 알려진 바를 살펴보면 Miller(1953)와 Chyba & Sagan(1997)은 환원성 대기, Albeson(1966), Pinto et al.(1980), Zahnle(1986) 등은 약환원성 대기, 그리고 Trail et al.(2011)은 산화성 대기임을 주장한다. 여기서 주목할 만한 논문은 2011년 네이처에 발표된 Trail et al.의 논문인데 그들은 명왕누대(Hadean)에 형성된 지르콘 산화량이 현재 지구상에서 발견되는 마그마의 산화량과 같음을 발견하였다. 또한 지르콘의 산화량으로 미루어 볼 때 지구 원시 대기가 태초에 환원성이었다고 하더라도 지구 탄생 약 2억 년 후부터는 더 이상 환원성 대기가 아니었을 거라고 발표하였다. 지금까지 발견된 최초의 원시세포 화석의 시기는 지구 탄생 후 약 5억 년이므로 생명체가 발생할 당시에는 이미 상당량의 산소가 지구 대기에 존재하였음을 예시한다. 또한 원시 대기에서 가장 많은 비율을 차지하는 이산화탄소는 산화성 기체이다. 이 사실들은 그 당시 대기가 산화성임을 제시하며 아미노산이 자연적으로 생성될 가능성이 희박하였음을 의미한다.

ii. RNA의 형성

단백질을 구성하는 아미노산의 종류는 약 20개 정도가 되는 것으로 알려져 있다. 논의를 진행하기 위해 지구 원시 대기에서 생명체의 기본이 되는

20개의 아미노산이 우연히 생성되었다고 가정하도록 하자. 이럴 경우 다음으로 극복해야 될 문제는 아미노산으로부터 RNA, 단백질, DNA 등이 우연히 생성되어야 하는 과정이다. 지금까지 어떻게 이런 분자들이 생성되었는지에 대해서는 뚜렷하게 확인이 되지 않았다. 그래서 이에 대한 해결책으로 여러 가설들이 제시 되었는데 그중 가장 잘 알려진 가설이 'RNA 월드' 가설이다.

RNA는 DNA와 달리 그 자체가 전령 RNA(mRNA)로 유전물질 역할도 하고 리보솜 RNA(rRNA)로 단백질 합성에 관여하는 리보자임 효소역할도 한다. 따라서 RNA는 스스로 복제가 가능하므로 초기 생명의 기원은 RNA일 거라는 내용이 RNA 월드 가설이다. 좋게 들리지만 RNA는 너무 복잡하여 자연적으로 생성되기 힘들고, 우연히 생성되었다 하더라도 너무 불안정하여 곧 파괴되며, 본질적으로 RNA가 수행할 수 있는 촉매 역할은 아주 제한적이다. 그렇다면 RNA의 형성이 얼마나 어려운지 자세히 알아 보도록 하자.

RNA 뉴클레오타이드는 핵산의 단위체(monomer)이며 핵염기(구아닌, 아데닌, 사이토신, 유라실), 리보스 당(ribose sugar), 그리고 1-3개의 인산기로 구성된다. 따라서 RNA가 자연적으로 생성되기 위해서는 이 구성원들이 먼저 자연적으로 생성되어 존재하여야 한다. 이들의 생성에 대해 알아 보도록 하자.

핵염기의 생성

핵염기들은 고리구조를 가진 복잡한 분자들이다. 단순한 원시 화합물로부터 자연적으로 생성되기 어려우며 고리구조를 형성하기 위해서는 특정한 화학 반응, 특정한 반응 조건, 그리고 반응 촉매가 필요하다. 특정한 화학반응은 탄소 골격에 아민기(NH_2)가 첨가되는 아민화 반응, 산소를 제거하는 탈산소 반응, 고리 구조 형성 반응, 핵염기 첨가 반응 등이 있다. 반응 조건과 촉매의 경우 아민화 반응에서는 암모니아와 같은 질소 화합물과 알데히드 또는 케톤이 필요하며 반응을 촉진하는 촉매나 고온의 환경이 필요하다. 탈산소 반응에서는 환원제가 필요하며 수소나 메탄 같은 환원성 기체가 필요하다. 고리 형성 반응에서는 다단계의 고리 형성이 필요하며 금속 이온 같은 특정한 촉매, 고온 고압의 조건, 최적의 pH가 필요하다. 핵염기 첨가 반응은 다양한 전구체 화합물과 함께 고에너지 조건이 필요하다.

변화무쌍한 지구 원시 대기에서 이런 반응들이 잘 일어날 수 있도록 적절한 온도, 압력, pH, 전구체 화합물의 충분한 농도, 촉매의 존재 등 여러 조건들이 일관적으로 유지되었다고 보기는 어렵다. 왜냐하면 이런 조건을 맞춘 실험실에서조차 핵염기의 수율이 아주 낮은 편이기 때문이다. 또한, 자연상태에서 핵염기가 생성되었더라도 핵염기는 UV, 방사선, 가수분해, 산화반응 등으로 쉽게 분해되어 축적되기 어려웠을 것이다.

리보스 당의 생성

오탄당인 리보스는 포르모오스 반응(formose reaction)으로 생성되며 포름알데히드가 먼저 존재하여야 한다. 포름알데히드에서 글리콜알데히드, 글리세르알데히드, 에리트로스를 생성한 후 최종적으로 리보스가 생성된다. 포르모오스 반응은 충분한 농도의 포름알데히드를 필요로 하는데 원시 대기 조건에서 포름알데히드는 쉽게 중합되거나 다른 화합물과 반응할 수 있어 안정적인 생성은 불가능하다. 또한, 포르모오스 반응에 의해 생성되는 리보스는 수율이 낮으며 포르모오스 반응의 촉진을 위해 칼슘 수산화물 같은 염기성 촉매가 필요한데 이 촉매가 존재하지 않았을 수도 있고 존재하였더라도 원시 대기 상태에서 이 촉매가 안정적이지 않고 분해 되었을 것이다. 또한 효율적인 포르모오스 반응을 위해 pH가 7 이상의 알칼리성 조건이 필요하며 적절히 높은 30-100℃의 온도가 필요하다.

이런 어려움을 겪고 리보스가 생성되었다 하더라도 RNA 합성에 유용하려면 선택적으로 합성되고 안정화되어야 한다. 그러나 포르모오스 반응은 리보스의 선택적 생성을 선호하지 않으며, 결과적으로 생성된 당 혼합물은 리보스를 RNA 합성에 활용하기 어렵게 만든다. 리보스를 안정화하거나 복잡한 혼합물에서 선택하는 메커니즘이 존재했어야 하는데 붕산염 광물과 같은 잠재적인 안정화제가 제안되었지만, 원시 대기 조건에서의 가용성과 그 효능성은 확인할 수가 없다. 또 다른 심각한 문제는 리보스의 안정성이다. 리보스는 당성분이라 화학적으로 불안정하여 생성되어도 쉽게 가수분해되고 만다.

인산기의 생성

원시대기에서 인산기의 생성은 쉽지가 않다. 인산은 일반적으로 인회석(apatite)과 같은 광물에서 발견되는데 물에 잘 용해되지 않아 원시 대기에서 사용 가능한 인산이 상대적으로 희귀했다. 또한 화학적 반응성이 낮아 인산기 생성에 큰 장벽을 제공한다. 뉴클레오타이드 합성에 필수적인 인산 에스터의 생성에는 상당한 에너지와 촉매 과정이 필요한데 원시 지구에서 이런 조건이 갖추어지기 쉽지않았을 것으로 추정된다. 인산기의 사슬인 폴리인산의 생성은 높은 온도와 특별한 촉매가 필요하며 생성이 되었더라도 가수분해에 의해 단순한 인산 화합물로 분해되기 쉽다. 일부 실험실 조건에서 인위적으로 인산 분자의 생성이 가능함을 보여 주었지만 초기 지구 환경을 현실적으로 반영하지 않은 고도로 통제된 조건에서 행하여진 실험이었다. 또한 인산 생성의 확률이 낮아 원시 대기 상태에서 생명의 기원을 유도하기 위한 충분한 양의 인산은 생성되기 어렵다는 것을 보여 주었다.

기능성 RNA가 생성될 확률

앞에서 살펴본 대로 RNA 뉴클레오타이드를 구성하는 3가지 구성원들이 원시 지구 대기에서 자연적으로 발생될 확률은 희박함을 보았다. 하지만 모든 문제가 잘 해결되고 핵염기, 리보스, 인산기가 성공적으로 생성되었다고 하더라도, RNA 본연의 기능을 하는 기능성 RNA의 생성이라는 또 다른 중요한 문제에 직면하게 된다.

RNA에는 여러 종류가 있다. 단백질 합성에 관여하는 RNA(mRNA, rRNA, tRNA 등), 전사 후 변형에 관여하는 RNA(snRNA, snoRNA 등), 조절/규제 RNA(aRNA, miRNA 등), 그리고 기생 RNA가 있다. RNA 분자의 뉴클레오타이드 수는 그 종류에 따라 다른데 몇 가지 예를 들면 다음과 같다:

- mRNA & rRNA - 수백에서 수천 개
- tRNA - 70에서 90개
- snRNA - 100에서 300개
- miRNA - 20에서 25개.

여러 역할을 수행하는 RNA 분자가 평균 100개의 뉴클레오타이드로 구성되어 있다고 가정하자. 그러면 RNA 서열의 각 위치는 아데닌, 우라실, 사이토신 또는 구아닌 중 하나로 채워질 수 있는데, 길이가 100개인 서열의 가능한 총 수는 4^{100} (=1.6×10^{60})이고 그것이 생성될 확률은 $1/1.6 \times 10^{60}$=6.2×10^{-61}이 된다. 이 확률은 전 우주적 시간이 흘러도 결코 일어날수 없는 확률이며, 이렇게 극도로 낮은 확률은 핵염기, 리보오스, 그리고 인산기가 이미 존재하더라도 RNA가 자발적으로 생성될 수 없음을 시사한다.

iii. 단백질의 형성

단백질은 아미노산의 중합에 의해 펩타이드가 형성되고 특정 3차원 형태로 적절히 접혀 있어야 제 기능을 하는 단백질이 된다.

아미노산에서 펩타이드가 형성되는 과정은 두 아미노산이 반응하여 한 아미노산의 카복실기와 다른 아미노산의 아미노기가 펩타이드 결합을 이루는 것으로 시작한다. 이 과정에서 생성되는 물 분자는 축합 반응을 통해 방출된다. 이렇게 형성된 분자는 펩타이드 결합을 통해 연결되며 이 과정이 반복되어 긴 펩타이드 사슬이 형성된다. 이 사슬을 단백질의 1차 구조라 부른다.

1차 구조의 폴리펩타이드 사슬은 알파 나선 및 베타 시트로 알려진 2차 구조로 접힌다. 그리고, 이러한 구조는 폴리펩타이드 사슬의 백본 원자들 간의 수소 결합에 의해 안정화 된다. 나선과 시트를 연결하는 추가적인 2차 구조, 턴과 루프는 단백질의 전체 접힘에 기여를 한다. 2차 구조는 더 나아가 소수성 상호작용, 수소 결합, 이온 결합, 및 이황화 결합에 의해 특정한 3차원 형태(3차 구조)로 접힌다. 소수성 상호작용에서는 비극성 사슬이 수성 환경에서 벗어나 클러스터링되어 폴리펩타이드가 압축된 구형 형태로 접히게 된다. 수소 결합은 극성 사슬과 백본 간에 형성되어 접힌 구조를 안정화 한다. 이온 결합은 반대 전하를 가진 사슬 간의 정전기적 상호작용으로 단백질의 안정성에 기여하며, 이황화 결합은 시스테인 잔기 간의 공유 결합으로 추가적인 안정성을 제공한다.

여러 폴리펩타이드 사슬(소단위체)로 구성된 일부 단백질의 경우, 이러한 접힌 단위들이 함께 모여 4차 구조를 형성한다. 오류를 방지하기 위해 샤페론 단백질이 접힘 과정을 도와 잘못 접혀지거나 뭉쳐지는 것을 방지하여 올바른 형태를 취하도록 돕는다. 단백질은 가장 안정적이고 기능적인 형태를 얻기 위해 약간의 형태 변화를 가지거나 인산화, 당화, 절단등 화학적 수정을 하기도 한다.

아미노산에서 단백질이 만들어 지는 여러 과정들은 복잡하지만 상당히 잘 짜여진 알고리즘에 따라 진행되는 것을 볼 수가 있다. 그리고, 단백질이 만들어 지는 기본 설계도가 DNA에 이미 들어 있다는 사실은 단백질의 생성이 무작위 과정이 아닌 지적 설계의 산물임을 시사한다. 확률적으로 보아도 무작위 과정으로 단백질이 생성되기는 어렵다. 하나의 단백질에 포함된 아미노산의 수는 수십에서 수천 개가 되는데, 소형 단백질인 인슐린에는 약 51개, 중형 단백질인 미오글로빈에는 약 153개, 대형 단백질인 헤모글로빈에는 약 574개, 거대 단백질인 타이틴에는 약 34,350개의 아미노산 조합들이 들어있다. 20종류의 아미노산 조합에 의해 소형 단백질인 인슐린이 생성될 확률은 $1/20^{51}=4.4\times10^{-67}$이며 거대 단백질인 타이틴이 생성될 확률은 $1/20^{34350}=10^{-44680}\approx0$이다.

아미노산에서 펩타이드 결합이 되는 과정은 많은 에너지를 필요로 하는데, 원시 대기 상태에서 이러한 결합을 촉진할 일관되고 충분한 에너지원이 존재하였는지에 대한 의문도 제시된다. 번개, 자외선, 방사선, 화산 열과 같은 다양한 에너지원이 제안되었지만, 이러한 에너지원이 일관되게 펩타이드 결합 형성을 촉진할 수 있는 효율성과 신뢰성은 논란의 여지가 많다. 왜냐하면 원시 지구의 환경은 극한의 온도, pH 수준 및 환경 변화와 함께 가혹하고 변동이 심했을 가능성이 크기 때문이다. 이러한 조건은 오히려 펩타이드 결합 형성의 섬세한 과정을 방해하고, 형성된 펩타이드의 안정성을 저해할 수 있다. 펩타이드는 수용성 환경에서 가수분해 되기 쉬워 펩타이드가 형성되기보다는 빠르게 분해될 수도 있다.

또 다른 문제점은 단백질을 구성하는 아미노산의 키랄성(Chirality)이다. 실험실에서 생성된 아미노산은 L형과 D형이 약 50%씩 존재한다. 따라서 단백질이 자연적으로 생성되었다면 단백질을 구성하는 아미노산은 L형과 D형이 약 50%씩 구성되어야 한다. 하지만 지구상의 생명체를 구성하는 아미노산은 거의 모두가(99.7%) L형 아미노산으로 구성되어 있으며 D형 아미노산은 약 0.3%밖에 되지 않는다. 이 사실 역시 단백질이 무작위 과정에 의해 생성되지 않았다는 것을 나타낸다.

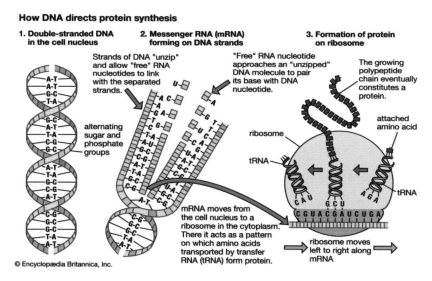

단백질이 만들어지는 과정

iv. DNA의 형성

DNA 뉴클레오타이드는 RNA와 마찬가지로 세 부분으로 구성된다: 핵염기(구아닌, 아데닌, 사이토신, 티민), 디옥시리보스 당, 그리고 인산기다. 이들의 자발적 형성은 RNA에서 보았듯이 거의 불가능하다. DNA의 자발적인 형성에 있어 또 다른 문제점은 RNA와 달리 추가적으로 이중 나선 구조의 염기쌍을 형성하여야 한다는 것이다. DNA 이중 나선은 아데닌과 티민, 사이토신과 구아닌이 특정한 순서로 배열되어 있으며 반대 가닥에는 안전성을 위해 보완적인 서열이 존재한다. 이렇게 두개의 보완적인 서열이 완벽하게 정렬되어 있는 구조가 설계도 없이 자발적으로 만들어지는 것은 거의 불가능하다. 예를 들어, 사람의 염색체에 들어있는 DNA 염기쌍의 수는 약 30억 개이며, 이 염기쌍들이 자연적으로 생성될 수 있는 확률은 $4^{-3000000000} \approx 0$이다.

자가복제는 DNA의 주요 기능 중 하나이다. DNA 복제는 정확성과 신뢰성을 보장하기 위해 복잡한 효소와 단백질이 필요하다. DNA 복제에 관여하는 주요 효소는 헬리케이스, 단일 가닥 결합(SSB) 단백질, 프라이메이스, DNA 폴리메라아제, 리보뉴클레아제 H(RNase H), DNA 리가아제, 토포아이소머라아제 등이 있다. DNA 복제에 참여하는 효소의 총 아미노산 수는 대개 수백 개에서 수천 개 사이이다. DNA 복제에 이런 효소들이 없으면 이중 나선 복제 및 오류 수정이 되지 않는다. 하지만 이 효소들 중 어느 하나라도 우연히 생성될 확률은 사실상 0이다. 예를 들어, RNase H가 우연히 생성될 확률은 $20^{-155} \approx 2.2 \times 10^{-202} \approx 0$으로 현실적으로 발생할 확률이 전혀 없다. 그런데 이렇게 확률적으로 형성될수 없는 복잡한 염기쌍의 배열이 DNA에 코딩되어 있다는 것은 설계의 개념을 나타내며 그 코딩을 한 프로그래머가 있다는 것을 명백히 나타낸다.

DNA는 긴 단일 가닥으로 있는 게 아니라 염색체 속에서 매우 복잡하게 접혀 있는 형태로 존재한다. DNA가 접히는 과정을 DNA 응축 과정(DNA condensation process)이라고 한다. 이 과정은 많은 단백질의 도움으로 여러 단계의 압축과 접힘 과정을 거쳐 이루어진다. 이중 나선 구조를 가진

DNA는 히스톤 단백질과 결합하여 뉴클레오솜을 형성한다. 뉴클레오솜은 DNA가 히스톤 단백질의 코어를 약 1.65회 감싸고 있는 구조로, 마치 구슬이 끈에 꿰어진 형태로 배열되어 있다. 이 뉴클레오솜들은 추가로 감겨 30nm 직경의 섬유모양을 형성하여 나선형으로 배열되거나 지그재그 형태로 배열되어 있다. 30nm 섬유 구조는 루프 도메인이라는 더 큰 구조로 접힌다. 이 루프 도메인은 특정 단백질에 의해 핵 내 특정 위치에 고정되어 있으며, 유전자 발현 및 기타 기능적 활동을 조절하는 역할을 한다. 루프 도메인은 더욱 복잡하게 접히고 압축되어 염색체를 형성하며, 염색체는 세포 분열 시 DNA를 딸세포에게 정확하게 전달하기 위해 가장 높은 수준으로 압축되어 있다. 이 단계에서 코헤신과 콘덴신 같은 단백질 복합체가 염색체 구조를 안정화하고, 올바르게 분리되도록 돕는다. 이 모든 과정 역시 무작위의 과정보다는 잘 설계된 지적 설계의 개념을 연상시킨다.

결코 그런 일은 없겠지만 DNA가 무작위 과정으로 형성되었다 하더라도 거기서 끝이다. 왜냐하면, DNA가 형성되는 것과 형성된 DNA의 유전 정보가 유전자에 기록되는 것은 별개의 문제이기 때문이다. 진화론이 맞기 위해서는 DNA가 놀라운 기억력과 사고하는 능력이 있어 복잡한 DNA의 염기쌍 정보를 유전자에 스스로 기록하였다는 것을 믿어야 한다.

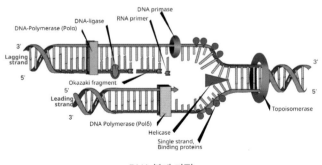

DNA 복제 과정

v. 원핵세포의 형성

RNA, 단백질, DNA가 우연히 생성되었다고 하면 생명체를 향해 그다음 넘어야 하는 산은 세포의 형성이다. 세포에는 두 가지 주요 유형이 있다: 원핵세포와 진핵세포다. 박테리아와 고세균과 같은 생물에서 발견되는 원핵세포는 단순하며 핵이 없다. 유전 물질은 세포질에 자유롭게 떠다니는 단일 원형 DNA 분자에 포함되어 있으며 세포 소기관들도 없다. 과학자들은 원시세포가 자연 선택, 돌연변이 및 환경 적응 등 점진적인 과정을 통해 원핵세포로 진화했다고 주장한다. 하지만 원시세포의 존재는 확인된 바가 없으며 원핵세포가 지구상에 처음 등장한 세포였을 것으로 간주한다. 화석 기록에 따르면 원핵세포는 35억 년에서 38억 년 전에 지구에 나타났다. 식물, 동물, 균류 및 원생생물에 존재하는 진핵세포는 더 복잡한 구조를 가지고 있다. 이들은 핵막으로 둘러싸인 핵을 포함하고 있으며, 미토콘드리아, 소포체, 골지체와 같은 세포 소기관들을 가지고 있다.

모든 세포는 세포막으로 둘러싸여 있기에, 원시 대기에서 세포 형성의 첫 번째 단계는 이 세포막의 형성일 것으로 추측된다. 그렇다면, 이 세포막이 무작위적 과정을 거쳐 자연적으로 형성될 수 있는지 알아보자.

세포막의 형성

세포막은 단순하게 생각되지만 지질(인지질, 콜레스테롤, 당지질), 단백질, 그리고 탄수화물로 구성된 복잡하고 역동적인 구조다. 인지질은 세포막의 이중층 구조를 형성하고, 콜레스테롤은 유동성을 조절하며, 당지질은 세포 인식에 기여한다. 단백질은 내재성 단백질과 주변부 단백질로 나뉘며, 운반, 신호 전달, 구조적 지지를 돕는다. 탄수화물은 세포 인식과 통신에 중요한 역할을 한다.

원시 지구에서 기능성 막(functional membrane)에 필요한 특정 양친성 (amphiphilic) 지질 분자가 무작위 과정을 통해 형성되었다고 믿기는 어렵다. 왜냐하면 인지질과 같은 지질 분자는 정확한 조합의 지방산, 글리세롤, 인산기가 필요한데 역동적인 원시 지구에서 자발적으로 정확한 조합이 형성되기 어렵기 때문이다. 더구나, 앞에서 설명하였듯이 인산기의 자발적인 형성은 거의 불가능하며 이 인산기가 없이는 세포막이 형성될 수 없다.

하지만, 어떻게 하여 양친성 분자가 생성되고 자발적으로 이중층을 형성하였더라도, 세포 환경을 캡슐화하고 보호할 수 있는 안정적이고 반투과성의 이중층을 형성하기 위해서는 특정한 조건이 필요하다. 이 조건들은, 충분한 농도의 양친성 분자(예: 인지질), 안정적인 이중층 형성을 위한 중성에 가까운 pH, 막의 안전성을 높여 줄 칼슘이나 마그네슘과 같은 이온의 존재, 낮거나 높은 온도가 아닌 적절한 온도, 스스로 이중층을 형성에 필요한 수용성 환경, 자외선, 열, 전기적 방전 등과 같은 에너지원, 그리고 촉매 표면의 존재 등 이다. 하지만, 초기 지구의 조건은 극한의 온도, 변동스러운 pH 상태, 방사선 등으로 가혹하고 변동이 심하였으며, 이러한 환경에서 이중층 막이 형성되었더라도 안정성을 유지하기 어려웠고 쉽게 파괴되었을 것이다.

원핵세포의 크기를 박테리아 세포와 같은 1마이크로미터 정도로 가정하면, 그 표면은 $3×10^{-12}m^2$가 된다. 단일 인지질 분자의 크기는 약 $5x10^{-19}m^2$이므로 이중층을 형성하기 위해 필요한 인지질의 수는 약 천만 개가 된다. 이 천만 개의 인지질이 나란히 정렬되는 것도 힘들지만 이들이 스스로 동그랗게 굽어져 3차원의 폐쇄된 막을 만들었다는 것은 믿기 어렵다.

기능적인 막은 필수 영양소와 분자를 선택적으로 통과시키면서 유해 물질을 차단해야 한다. 이러한 선택적 투과성은 복잡한 단백질과 채널의 존재를 필요로 하는데 이들이 무작위 과정으로 형성되고 스스로 알아서 막에 통합될 가능성은 극도로 낮다. 세포막이 어떻게 하여 형성 되었더라도 세포막 내의 구성 물질인 세포질, 리보좀, 플라스미드 등이 어떻게 형성되었는지 그리고 어떤 메커니즘으로 세포막 속에 캡슐화되었는지도 설명이 불분명하다.

vi. 진핵세포의 형성

진핵세포 기원에 대한 널리 받아들여진 이론은 세포내 공생설(endosymbiotic theory)이다. 공생설은 진핵세포가 원시 원핵세포 간의 공생 관계를 통해 기원했다고 제시한다. 이 과정은 특정 원핵세포(미토콘드리아와 엽록체)가 조상 숙주세포(ancestral host cell)에 의해 흡수되어 상호 유익한 관계를 형성하고 결국 복잡한 진핵세포로 발전하였다고 한다. 그럴듯한 시나리오로 들리지만, 이 이론이 성립하기 위해서는 조상 숙주세포와 원핵세포가 이미 존재하고 있어야 한다. 조상 숙주세포로는 고세균(archaea)을 주장하는데 문제점은 고세균에서 원핵세포를 세포 안으로 끌어들이는 내포작용(endocytosis)이 전혀 관찰되지 않았다는 점, 그리고 고세균의 세포막은 에테르 결합으로 구성된 반면 진핵세포 세포막은 에스테르 결합으로 구성되었다는 점이다.

앞서 원핵세포의 자연적 생성이 거의 불가능하다고 했는데 같은 원핵세포인 미토콘드리아의 자연적 생성도 불가능할 것으로 예상된다. 미토콘드리아는 산화적 인산화를 통해 ATP를 생성하는 세포의 발전소 역할을 하는 복잡한 세포 소기관이다. 미토콘드리아는 외막, 막간 공간, 내막 및 기질(효소, DNA, 리보좀, 대사 산물) 등으로 구성되어 있다. 세포막과 마찬가지로 외막은 인지질과 단백질의 혼합물로 이루어진 인지질 이중층으로 이루어져 있다. 우리는 앞에서 세포막이 무작위 과정으로 형성되기 어렵다고 밝혔다. 또한 외막보다 더 복잡한 DNA의 자연 생성도 불가능하기에 미토콘드리아는 자연적으로 형성되기 불가능하다.

진핵세포에서 세포핵의 기원은 더욱더 설명이 불가능하다. 세포핵은 유전 물질을 보호하고, 세포의 대사 과정을 효율적으로 조절하는 가장 중요한 세포 소기관이다. 세포핵은 핵막에 쌓여 있다. 진화론에서는 세포 핵막의 기원에 대해 막 내포 가설, 바이러스 기원 가설, 유전자 전이 가설등을 제시한다. 막 내포 가설은 원핵세포의 세포막이 안쪽으로 접혀 들어가면서 핵막을 형성했다는 가설이고, 바이러스 기원 가설은 바이러스가 원시 진핵세포와 상호작용하면서 유전 물질을 보호하는 핵막 구조를 형성하였다는 가설이며, 유전자 전이 가설은 서로 다른 원핵생물 간의 유전자 전이 및 혼합이 발생하면서 복잡한 유전체가 형성되고, 이를 보호하기 위한 세포막이 형성되었다는 가설이다. 이런 설명들은 창조론으로 자연스럽게 설명되는 과정을 무리하게 진화론적으로 설명하려는 예로 보인다. 왜냐하면 막 내포 가설의 경우 세포막은 단일 인지질 이중층으로 구성되어 있지만 핵막은 두 개의 인지질 이중층(외막과 내막)으로 구성되어 있고, 핵막에는 핵공 복합체란 특수한 구조가 있지만 세포막에는 없고, 세포막과 핵막에 존재하는 단백질의 종류와 배치는 다르기 때문이다. 바이러스 기원 가설의 경우 대개 바이러스는 세포의 유전 물질을 자신의 복제를 의한 숙주 세포로 이용하는데 오히려 보호하기 위해 핵막을 형성하였다는 것은 믿을 수 없는 일이다. 유전자 전이 가설은 전이 자체가 세포 내의 유전자 다양성을 증가시킬 수 있지만 핵막과 같은 복잡한 구조의 형성을 설명하기에는 불충분하고 그 메커니즘도 불분명하다.

핵막 안에는 핵소체와 염색체가 존재하는데 이들의 기원에 대해서도 납득할 만한 설명이 없다. 핵소체와 염색체에는 생명체의 유전 정보가 들어 있으며 RNA, 단백질, DNA, 세포 소기관, 생명체의 조직 및 기관을 형성하는 설계도가 들어 있다. 생명체가 형성 되기 전의 진핵세포 단계에서 생명체를 구성하는 설계도가 이미 핵 속에 들어 있다는 사실은 진화론적으로는 절대적으로 설명될 수 없으며, 오히려 생명체의 지적 설계를 나타내는 명확한 증거가 된다.

공생설이 지지를 받으려면 원핵세포와 진핵세포 간의 전이 형태를 보여주는 화석적 증거가 필요한데 이런 화석이 발견되지 않았다. 또한, 미토콘드리아는 자체 DNA와 독립적으로 복제할 수 있는 능력 등 일부 자율성을 유지한다. 만일 미토콘드리아가 진핵세포로 통합이 되었다면 수십억 년의 진화 후에도 미토콘드리아의 유전체가 숙주 유전체에 완전히 통합되지 않은 의문도 제기된다. 이에 더해 미토콘드리아를 구성하는 DNA, 효소, 리보솜 등도 자연적으로 형성되기 불가능하다. 진핵세포 내의 세포핵의 기원도 지적 설계를 증거하고 있다.

다음 주제로 넘어가기 전에 식물세포의 기원에 대해 잠깐 생각해 보도록 하자. 생명체를 계(Kingdom)로 분류할 경우, 현대의 생물학계는 6개의 큰 분류로 나눌 수 있다. 세균, 원생동물, 유색조식물, 식물, 균류, 동물이다. 위에서 동물의 세포를 살펴보았기에 간단하게 식물의 세포를 살펴보도록 하자. 그림에 나와 있듯이, 식물세포는 동물세포와 유사하며 가장 큰 차이는 미토콘드리아 대신 엽록체가 있고, 유연한 세포막 대신 셀룰로오스 기반의 세포벽을 가지고 있다는 것이다. 진화론에서는 식물세포의 기원을 공생론으로 설명하고 있다. 식물세포는 미토콘드리아 대신 엽록체가 조상 숙주세포에 흡수되어 형성되었다고 한다. 이 가설이 적용되기 위해서는 엽록체가 이미 존재하고 있어야 하지만 엽록체의 형성에 대한 뚜렷한 설명이 없다. 진화론에서는 산소 발생 광합성 세균인 시아노박테리아의 일종이 세포 내 공생을 통해 엽록체를 형성했다고 보고 있지만 이것 역시 무리한 설명이다. 왜냐하면 엽록체의 유전체가 시아노박테리아의 유전체보다 단순하여 설명이 되지 않기 때문이다.

진화론적 입장에서 보면, 동물이나 식물 중 한 종류의 생명체로 진화했거나 아니면, 많은 종류의 다양한 여러 생명체로 진화하는 게 더 자연스럽다. 왜냐하면 조상 숙주세포에 미토콘드리아가 들어가 동물이 되고, 엽록체가 들어가 식물이 되었다면 또 다른 유기체가 들어가 다른 형태의 다양하고 수많은 생명체로 진화하는 게 보다 더 진화론에 부합하기 때문이다. 하지만 위의 대표적인 계의 분류에서 보는 바와 같이, 지구의 장구한 역사 속에서 생명체의 계는 현재로서는 크게 6가지로 분류될 수밖에 없는 것을 볼 수 있다. 이러한 생명체가 지구상에 존재하는 데는 생태계를 유지시키기 위한 창조주의 깊은 뜻이 담겨 있다고 본다.

지구상에 동물들만 있고, 바닷속의 플랑크톤이나 온갖 균류도 없고, 나무와 꽃들을 포함한 식물들이 없다고 상상해 보자. 지상의 생태계는 전혀 다른 모습이 되었을 것이고, 어류들이나 수많은 초식 동물들의 먹거리가 해결되지 않아 그들이 이미 이 지구상에서 사라졌을지도 모른다. 또한 인간들이나 동물들의 삶 자체는 그야말로 황량한 사막 같을 것이다. 어딜 보더라도 흙과 돌뿐이며 초록의 신선함은 그 어디에도 없을 것이다. 식물이 없어 우리 인간에게 필요한 산소도 점점 고갈될 것이다. 창조주께서는 이런 상황을 방지하기 위해 여러 생명체들을 통해 생태계를 유지시키시고, 나무와 수풀과 꽃들이 지구상을 수놓아 아름다운 자연과 많은 동식물들의 안식처로 사용될 수 있게 하셨다. 또한, 나무의 열매와 과일들, 그리고 들판의 곡식들로 인간을 비롯한 여러 생명체들에게 먹거리를 제공하신 것이다.

식물 역시 유전 정보를 저장하는 DNA를 가지고 있으며, 이 DNA 속에는 어떤 과정을 거쳐 어떤 식물이 될지 그 기본 설계도가 고스란히 들어 있다. 식물 역시 두뇌가 없어 사고를 할 수 없다. 따라서 어떤 유전자 발현 과정, 세포 외부 신호, 세포 간 상호 작용을 통하여 어떤 식물이 될지 미리 알아서 그 기본이 되는 복잡한 염기쌍 구조를 스스로 DNA에 새겨 넣었다는 것은 상상도 할 수 없는 일이다. 이 사실은 식물의 존재도 창조주에 의한 지적 설계의 산물임을 명백하게 나타낸다.

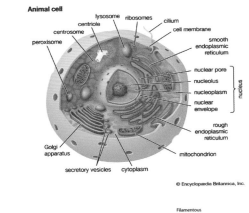

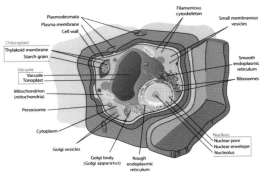

동물세포(상)와 식물세포(하)의 구조

vii. 세포소기관의 국재화

세포 내에서는 여러 세포소기관들이 존재한다. 세포소기관 국재화(organelle localization)는 세포 내에서 세포소기관들이 특정 위치에 배치되는 과정이다. 핵은 세포 중앙, 미토콘드리아는 세포 주변부, 소포체는 핵 근처, 골지체는 소포체 근처, 그리고 리소좀은 세포질에 위치한다. 세포소기관들은 적절한 위치에 있을 때 세포의 기능이 최적화되고 세포의 구조적 통합성과 기능적 조화가 잘 유지된다. 세포소기관들은 스스로 생각을 할 수 없을 텐데 어떻게 하여 최적의 장소로 알아서 찾아가는지 의문을 가질 것이다. 세포소기관의 국재화 과정을 자세히 살펴보면 우연히 이런 메카니즘이 형성되었다기보다는 창조주 하나님의 설계에 의해 모든 과정이 실행됨을 여실히 느낄 수가 있다.

세포소기관 국재화에서 중요한 역할을 하는 것은 세포골격 안에 있는 미세소관, 미세섬유, 중간섬유들이다. 미세소관은 세포 내의 주요 '도로망' 역할을 하며, 키네신과 다이네인 같은 모터 단백질이 미세소관을 따라 세포소기관을 이동시킨다. 미세섬유는 세포막 근처에서 주로 작용하며, 미오신 같은 모터 단백질이 미세섬유를 따라 세포소기관을 이동시킨다. 모터 단백질(motor proteins)은 세포소기관을 세포골격을 따라 이동시키는 단백질인데, ATP를 소모하여 소기관을 끌거나 밀어서 세포 내 특정 위치로 이동시킨다. 미세소관의 플러스 말단 방향으로는 키네신이 마이너스 말단 방향으로는 다이네인이 세포소기관을 이동시킨다. 마이오신은 주로 미세섬유를 따라 세포소기관을 이동시킨다.

우리가 도로의 신호등으로 차들의 흐름을 통제 하듯이 세포는 다양한 신호 분자를 사용하여 특정 세포소기관을 정확한 위치에 배치한다. 예를 들어 칼슘 이온은 세포소기관의 이동과 배치에 관여하고, 리포터 단백질과 수용체는 특정 세포소기관의 표면에 위치하여 신호 분자를 인식하고 그 신호에 따라 세포소기관의 이동을 조절한다. 세포소기관 간의 상호작용도 세포 국재화에 중요한 역할을 한다. 서로 다른 세포소기관이 물리적으로 접촉하거나 기능적으로 연계되어 특정 위치에 고정될 수 있다. 소포체와 미토콘드리아는 막 접촉 부위를 통해 상호작용하며, 이로 인해 미토콘드리아의 위치가 조절된다. 골지체와 엔도소체는 단백질과 지질의 이동 및 처리를 위해 밀접하게 상호작용한다.

배가 항구에 정박하면 파도에 밀리지 않기 위해 로프로 항구에 있는 기둥에 묶고 닻(앵커)을 내린다. 이와 꼭 마찬가지로 세포소기관을 특정 위치에 운반하면 그곳에 고정화하는 단백질이 존재하는데, 로프 역할을 하는 어댑터 단백질은 세포소기관 표면의 특정 리셉터와 세포골격을 연결하고, 닻 역할을 하는 앵커 단백질은 세포소기관을 세포 내 특정 위치에 고정시키는 역할을 한다.

세포소기관 국재화는 세포골격, 모터 단백질, 신호 전달 경로, 세포소기관 간 상호작용, 고정화 단백질, 앵커 단백질 등의 다양한 메커니즘에 의해 이루어지는데, 이런 각각 요소들이 스스로 알아서 생성되었거나 무작위 돌연변이를 통한 점진적 진화를 거쳐 생성되었다고 보기는 불가능하다. 또한 이들이 동시에 존재해야 하며 하나라도 빠지면 세포 자체가 만들어지지 않는다. 세포소기관 국재화는 마치 쿠팡에 물건을 주문하면 그 물건이 주문한 주소로 운송되는 메커니즘과 유사하다. 쿠팡의 물류 운송 체계가 우연히 생성되지 않았듯이 세포소기관의 국재화도 역시 진화론적으로 우연히 생성된 메커니즘이 아닌 창조주의 지적 설계임을 여실히 나타낸다.

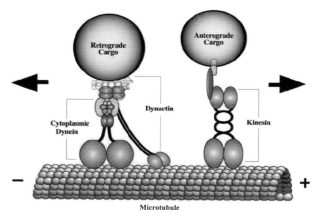

모터단백질이 미세소관을 따라 세포소기관을 운반하는 모습

viii. 세포 분화

　세포의 자연적 형성이 불가능하지만 어떻게 하여 형성되었다고 가정하자. 그러면 생명체 구성을 위해 생성된 세포는 세포 분화를 시작해 비특화 세포로부터 특정한 기능을 가진 특화 세포로 발전하여야 한다. 세포 분화는 생명체의 조직 및 기관 형성에 필수적이며, 줄기세포로부터 시작해 유전자 발현 조절, 세포 외부 신호, 세포 간 상호작용 등 다양한 메커니즘에 의해 세포 분화가 조절된다.

　유전자 발현 조절은 전사 인자 단백질이 특정 유전자의 발현을 활성화하거나 억제하여 세포의 운명을 결정한다. 예를 들어 MyoD는 근육세포로, Sox2는 신경세포로 분화시킨다. 이 과정은 DNA 서열의 변화 없이 유전자 발현을 조절하는 DNA 메틸화, 히스톤 수정, 비암호화 RNA 과정이 들어가는데 이를 에피제네틱 조절 과정이라 부른다. DNA 메틸화는 DNA의 시토신 염기에 메틸기를 추가하는 과정으로, 보통 유전자 발현을 억제한다. 히스톤 단백질의 수정(아세틸화 또는 메틸화)은 염색질의 구조를 변화시켜 유전자 접근성을 조절하며, 히스톤 아세틸화는 유전자 발현을 활성화하고, 메틸화는 유전자 발현을 억제한다. 비암호화 RNA(ncRNA)는 단백질로 번역되지 않지만 유전자 발현 조절과 세포 분화 과정에서 중요한 역할을 한다. 예를 들어 miRNA는 mRNA와 결합하거나 mRNA를 분해하여 유전자 발현을 조절한다. siRNA도 mRNA와 결합하여 분해함으로 특정 유전자 발현을 억제한다. lncRNA는 다양한 메커니즘을 통해 유전자 발현을 조절할 수 있으며, 염색질 리모델링, 전사 조절, 번역 조절 등에 관여한다. snRNA와 snRNP는 스플라이싱 과정에서 인트론을 제거하고 엑손을 연결하는 역할을 하며, snoRNA는 rRNA의 메틸화를 촉진한다.

세포 외부 신호는 세포 외부에서 분비된 물질이나 인자로 다양한 형태가 존재하며, 특정 세포의 표면 수용체에 의해 인식되고 세포 내 MAPK/ERK, PI3K/Akt, Wnt/β-Catenin 경로 등의 신호 전달 경로를 통해 세포 내부로 전달된다. 외부 신호의 주요 유형에는 성장 인자, 모프젠, 호르몬, 사이토카인 등이 있다. 성장 인자는 세포의 성장, 분화, 생존을 촉진하는 단백질들이며 표피세포는 EGF, 섬유아세포는 FGF, 혈관 내피세포는 VEGF 등이 있다. 모프젠은 농도 구배에 따라 세포의 운명을 결정하는 신호 분자로 신경관의 발달을 조절하는 Shh, 뼈와 연골 형성을 유도하는 BMPs 등이 있다. 호르몬은 잘 알려진 대로 인슐린, 에스트로겐, 테스토스테론 등이 있으며 혈류를 통해 표적 세포로 이동하여 특정 생리적 반응을 유도하는 신호 분자다. 사이토카인은 면역 반응을 조절하는 단백질로 면역세포 간의 신호를 전달하는 인터류킨, 바이러스 감염에 대한 면역 반응을 촉진하는 인터페론, 염증 반응과 세포 사멸을 유도하는 TNF 등이 있다.

세포 간 상호작용은 세포가 서로 신호를 교환하여 세포 운명을 결정하고,

조직의 형성 및 기능을 조절하는 과정이다. 이러한 상호작용은 세포의 표면에 있는 수용체와 리간드 간의 결합을 통해 이루어지며, 특정 신호 전달 경로를 활성화하여 세포 분화를 유도한다. 세포 간 상호작용 메커니즘으로는 Notch 신호 전달 경로, 간극 결합(gap junctions), 카드헤린과 인테그린이 간여하는 접촉 의존적 신호 전달, 가까운 세포로 신호를 전달하는 파라크린 신호 전달, 모프젠 농도 구배를 통한 신호 전달 등이 있다.

이상에서 살펴본 대로 세포 분화 과정은 유전자 발현, 외부 신호, 세포 간 상호작용 등의 여러 복잡하고 정교한 메커니즘들이 서로 잘 협력되어 진행되고 있음을 알 수가 있다.

유전자 발현 조절의 경우 세포 분화의 특정 단계와 장소에서 올바른 신호를 받았을 때만 특정 유전자가 활성화된다. 이 과정에서 수백 개의 전사인자, 인핸서, 리프레서 및 기타 조절 요소들이 상호작용하는 복잡한 네트워크를 통해 유전자 발현을 조절된다. 세포 외부 신호는 특정 리간드가 특정 수용체에 결합하며 다단계 신호 전달 경로를 활성화시키고 세포 내부에서 특정 반응을 유도한다. 세포간 상호작용도 특정 세포가 특정 위치에서 특정한 역할을 하도록 유도되며 양성 및 음성 피드백에 의해 조절된다. 이 모든 과정도 정교하게 설계된 개념을 상기시킨다.

iv. 조직 및 기관의 형성

세포 분화가 자연적으로 일어나기 불가능하지만 어찌하여 가능하게 되었다면 그다음은 조직과 기관의 형성이다. 세포의 조직 형성은 세포 간 상호작용, 세포 이동, 세포 외 기질의 복합적인 작용에 의해 세포들이 모여 특정 기능을 수행하는 조직을 형성하는 과정이다.

세포 간 상호작용은 세포들이 서로 신호를 교환하고 물리적으로 결합하여 조직을 형성하는 과정이다. 상호작용 신호 전달은 Notch 신호 경로와 Wnt 신호 경로를 사용한다. 결합에 관여하는 접착 단백질 분자로 카드헤린은 세포 간의 결합을 매개하여 조직의 구조적 통합성을 유지하고, 인테그린은 세포와 세포 외 기질 간의 결합을 매개하여 조직의 안정성을 제공한다.

세포 이동은 세포가 특정 위치로 이동하여 조직을 형성하는 과정이다. 화학 신호를 따라 세포가 이동하며(케모택시스), 미세섬유(액틴 필라멘트) 같은 세포 골격 요소들이 재구성되어 세포 이동을 촉진한다. 세포 이동은 배아 발달, 상처 치유, 면역 반응 등에 중요한 역할을 한다.

세포 외 기질(ECM)은 세포를 둘러싸고 지지하는 복잡한 네트워크이다. 구성 요소로는 조직의 구조적 강도를 제공하는 콜라겐, 조직의 탄력성을 제공하는 엘라스틴, ECM의 수분 함량과 압축 저항성을 조절하는 프로테오글리칸 등이 있다. ECM은 세포들이 조직 내에서 안정적으로 위치할 수 있도록 기계적 지지를 제공하고, 세포와 상호작용하여 세포 분화, 이동, 생존을 조절하는 신호를 전달한다.

이런 과정을 통해 생성된 조직의 주요 유형은 피부와 장 점막 같은 보호, 흡수, 분비 기능을 수행하는 상피 조직, 뼈, 연골, 지방 같은 지지와 결합 기능을 수행하는 결합 조직, 골격근, 심근, 평활근 같은 수축을 통해 운동이 가능한 근육 조직, 두뇌, 척수, 신경 같은 신호 전달 기능을 수행하는 신경 조직 등이다. 이런 조직들이 상호 보완하여 상위 조직을 형성하는데 예를 들면 상피 조직과 결합 조직이 어우러져 피부 조직을 형성하는 것이다.

이렇듯 조직 형성은 매우 복잡한 유전자 조절 네트워크가 관여하며, 수많은 유전자와 그 발현을 정교하게 조절하는 다양한 전사 인자, 에피제네틱 메커니즘 등이 포함된다. 또한, 신호 전달, 접착, 이동 등의 세포 간 상호작용이 조화를 이루어야만 조직이 제대로 형성될 수 있다. 이런 정교한 유전자 발현 조절 기능과 세포 간 상호작용이 무작위 돌연변이와 자연선택의 점진적 변화로 형성되었다고 보기는 불가능하다. 왜냐하면, 조직 형성의 중간 형태가 충분한 선택적 이점을 제공하였다면 자연선택에 의해 보존되었겠지만 기능적 중간 형태의 부재는 조직 형성이 점진적 진화의 결과라고 볼 수가 없다. 무엇보다도 조직 형성과 같은 복잡한 구조가 점진적으로 진화했음을 입증하는 중간 단계 화석의 증거가 없다. 그리고, 조직 형성에는 다양한 세포 유형과 조직들이 상호 의존적으로 작동해야 한다. 예를 들어, 근육 조직은 근육세포뿐만 아니라 혈관과 신경 조직도 필요하다. 그런데, 이러한 상호 의존적인 시스템이 동시에 진화하는 것은 매우 낮은 확률이다.

조직이 형성되었으면 조직으로부터 기관이 형성되어야 한다. 이 과정은 서로 다른 유형의 조직들이 상호작용하여 복잡한 구조와 기능을 가지는 기관을 만드는 과정이다. 예를 들면, 근육 조직, 결합 조직, 신경 조직 등이 결합되어 심장을 만드는 것이다. 기관이 만들어 지면 기관 내의 세포와 조직이 특정 기능을 수행하도록 더욱 분화되고 전문화되는 기능적 분화가 일어나야 된다. 이렇게 기관이 형성되면 발생학과 세포 생물학의 정교한 조절 메커니즘에 의해 기관이 정해진 자리에 위치하여 다세포 생물체를 형성한다.

지금까지 우리는 원시 지구에서 생명체가 어떻게 나타났는지 자세히 살펴보았다. 그 과정들은 다음과 같다: 아미노산의 형성, RNA의 형성, 단백질의 형성, DNA의 형성, 원핵세포의 형성, 진핵세포의 형성, 세포소기관의 국재화, 세포 분화, 조직 및 기관의 형성 들이다. 이 과정들에서 일부 아미노산이 인위적인 실험실 환경에서 생성될 수 있는 것 외에 다른 모든 과정은 자연적으로 일어나기 어려움을 보았다. 또한, 이 모든 과정들이 상당히 복잡하지만 하나의 잘 짜여진 프로그램처럼 진행되는 것을 보았으며, 무작위 개념이 아닌 정교한 설계의 개념을 보았다. 그리고 그 과정들 중에 어느 한 과정이라도 누락되면 그다음 단계의 진행에 차질을 빚는다. 예를 들면, 필요한 효소, 단백질, 비부호화 RNA, 신호인자 등 하나라도 빠지면 다음 단계로 진행이 되지 않는다.

진화론에서는 위 모든 과정을 자연 선택, 돌연변이, 유전자 부동, 수평적 유전자 이동 등과 같은 이론으로 설명하려고 한다.

자연 선택은 생물체의 변이가 환경에 적응하여 생존과 번식에 유리한 특성을 가진 개체가 더 많이 살아남아 그 특성을 후손에게 전달한다는 가설이다. 이 과정에서 유리한 변이는 축적되고, 불리한 변이는 제거된다고 한다. 이 이론은 기존 생명체에만 적용되며, 생명체의 초기 발생을 설명하지 못한다.

돌연변이는 유전자의 염기 서열에 무작위적으로 일어나는 변화를 말하며, 자연 선택과 마찬가지로 생명체의 초기 발생과 고도로 조직화된 복잡한 구조를 설명하지 못한다. 보다 더 중요한 문제점은 대부분의 돌연변이가 해롭거나 중립적이다는 것이다. 유익한 돌연변이는 매우 드물기 때문에 이러한 돌연변이가 축적되어 유의미한 변화를 일으키기는 어렵다. 예를 들면, 베시큘러 스토마티티스 바이러스(Vesicular Stomatitis Virus) 연구에서 돌연변이의 결과를 보면 약 40%가 생존에 치명적인 방향으로(fitness=0), 약 31%가 치명적이지 않지만 해로운 방향으로(0<fitness<1), 그리고 약 27%가 이롭지도 않고 해롭지도 않는 중립적인 방향으로(fitness=1) 나타났다.

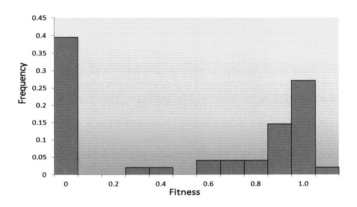

돌연변이의 적응도 분포(distribution of fitness effects(DFE))

유전자 부동(Genetic Drift)은 유전자 빈도의 무작위 변화를 통해 개체군의 유전적 구성을 변화시킨다는 이론이다. 유전자 부동은 작은 집단에서 더 두드러지며, 대부분의 변화가 발생하는 큰 집단에서는 영향이 적다. 또한, 고도로 조직화된 구조와 시스템의 발달을 설명하기 위한 방향성이 부족하다. 게다가 유전자 부동은 새로운 정보나 기능을 생성하지 못하므로 새로운 특성의 출현이나 복잡한 생물학적 특징의 기원을 설명하지 못한다.

수평적 유전자 이동(Horizontal Gene Transfer, HGT)은 주로 원핵생물에 제한된 역할을 하기 때문에 다세포 생물의 복잡한 특성을 설명하지는 못한다. HGT는 외래 유전자를 숙주의 게놈에 통합하기 때문에 유전적 불안정을 초래하여 해로운 돌연변이로 이어질 수 있다. HGT는 새로운 유전자의 기원을 설명하는 것이 아니라 기존 유전자의 전이를 설명하므로 새로운 특성의 출현을 다루지 못한다.

정리하면, 위 모든 진화 이론은 생명체의 초기 발생을 설명하지 못하며, 방향성이 없어 복잡하고 정교하지만 방향성이 있는 생명체의 형성 과정을 잘 설명하지 못한다.

생명체의 형성을 빌딩 건설에 비유하자면, 진화론은 가장 중요한 설계도(방향성)와 기초 공사(생명체 초기발생) 없이 무작위로 빌딩 건설이 진행되는 것과 같다. 하지만, 빌딩은 설계도 없이 건설될 수 없으며, 잘 설계된 설계도 대로 시공되어야만 빌딩이 완공될 수 있다. 빌딩 건설에 설계자가 존재하듯이, 빌딩과는 비교할 수 없이 복잡한 생명체 형성에도 설계자가 반드시 존재해야만 한다.

생명체를 설계하시고 창조하신 분은 바로 창조주 하나님이시다.

b. 다윈의 이론은 진화론인가? 아니면 유전적 적응론인가?

생명체의 진화는 같은 종 사이에서 변이가 일어나는 소진화(Microevolution)와 한 종이 다른 종으로 변하는 대진화(macroevolution)로 나눌 수 있다. 진화론자들은 자연선택이나 돌연변이에 의한 소진화가 축적되어 대진화가 일어났다고 주장한다. 그러기 위해서는 한 종에서 다른 종으로 옮겨가는 중간종의 존재가 필연적으로 존재하여야 하지만 그 어디를 봐도 중간종은 존재하지 않는다. 다윈 역시 이 사실을 알고 있었고 종과 종 사이의 중간종이 존재하지 않아 자신의 이론을 주장하는 데 어려움이 있다고 고백하고 있다. 종의 기원 6장 '진화론의 난관들' 첫 부분을 보면 이렇게 나온다: "만일 종들이 미세한 점진적 변화에 의해 다른 종들로부터 파생되었다면, 우리는 왜 어디에서나 무수히 많은 전이 형태의 중간종을 보지 못하는가?" 이 사실은 다윈의 딜레마(Darwin's dilemma)로 알려져 있으며 자신의 진화론이 뭔가 잘못되었다는 것을 시인하는 고백이다.

한때 약 3억 7천 5백만 년 전에 존재했던 틱타알릭(Tiktaalik)이 물고기와 사족동물의 중간화석이라는 주장이 있었다. 그러나 Niedzwiedzki 등이 발표한 2010년 Nature 논문을 보면 틱타알릭보다 약 1,800만 년 앞선 사족동물 발자국 화석을 볼수있다. 틱타알릭보다 더 오래된 사족동물 발자국의 존재는 틱타알릭이 물고기와 사족동물 사이의 중간종이 아님을 시사한다. 고리 종(ring species)의 개념으로 중간 종의 존재를 설명하려 시도하지만 무리한 주장임을 알 수가 있다. 왜냐하면 고리 종은 종과 종 사이의 중간 종이 아니라 같은 종 내에서 생물학적 교배가 일어나지 않는 종이기 때문이다. 여러 전이 단계의 중간 종에 대한 화석이 없기에 다윈의 이론은 진화론으로 불릴 수 없고 변화하는 생존 환경에 적응하는 생명체의 유전적 적응론으로 불리워져야 한다. 그 이유는 다음과 같다.

밀란코비치 주기(Milankovitch Cycle)

지구는 거의 원궤도를 돌지만 약 9만 6천 년 주기로 이심률이 변한다. 이 심률의 변화는 기후 변화에 영향을 미치며 빙하기와 간빙기의 시기에도 영향을 준다. 그리고 현재 23.5도로 기울어져 있는 자전축의 경사는 41,000년 주기로 21.5도에서 24.5도 사이로 변한다. 이 기울기의 변화는 적도와 극지방 사이의 태양 복사 분포에 영향을 미치며, 계절의 강도를 변화시키고 장기적인 기후 패턴과 빙하기 역학에 중요한 역할을 한다. 지구 자전축은 세차 운동으로 인해 26,000년 주기로 축의 방향이 점진적으로 변한다. 세차운동은 계절의 강도와 시기를 변화시켜 지구 전체 기후 시스템에 영향을 미친다.

이심률, 자전축 기울기, 자전축 세차 운동의 변화가 결합된 효과를 밀란코비치 주기라고 하며, 이 주기는 장기적인 전 세계 기후 변화를 일으킨다. 그 좋은 예가 사하라 사막의 기후 변화다. 태양 복사가 증가하는 기간 동안, 사하라는 더 많은 강우를 경험하여 호수와 강이 있는 무성한 녹색 풍경으로 변하며, 반대로 태양 복사가 감소하면 건조한 조건이 되어 오늘날처럼 광대한 사막이 된다.

지구에 이러한 광역적 기후 변화가 생기게 되면 지구상의 모든 생명체는 유전적 적응을 통해 환경 변화에 몸을 맞춘다. 유전적 적응은 생명체가 멸종되지 않고 오랜 기간 동안 지구에서 생존할 수 있게 해주는 놀라운 메커니즘으로, 창조주 하나님께서 생명체의 부호화, 비부호화 DNA 속에 숨겨 놓으신 놀라운 환경 적응력이다. 이런 적응력 때문에 생명체들이 밀란코비치 주기를 겪더라도 소멸되지 않고 지금까지 지구상에서 잘 생존해 왔

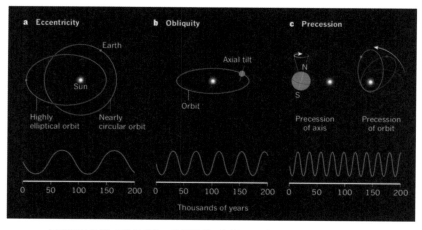

밀란코비치 주기의 원인들. 이심률(좌), 자전축 변화(중), 그리고 세차운동(우)

다. 진화론자들은 이러한 적응력을 소진화라는 잘못된 이름으로 부른다. 하지만, 정확하게는 '유전자의 환경 적응론' 또는 '유전적 적응론(Theory of genetic adaptation)'으로 불려야 한다. 그렇다면 이제 유전적 적응론의 몇 가지 예를 들어보도록 하자.

자외선에 대한 유전적 적응

기후 변화로 인해 인간의 피부가 강한 자외선(UV)에 노출되면 여러 단백질과 호르몬이 관여하는 복잡한 메커니즘을 통해 멜라닌 생산이 증가한다. 자외선이 피부세포의 DNA에 손상을 일으키면 세포의 스트레스와 손상에 대한 반응을 조절하는 중요한 조절자인 p53 단백질을 활성화한다. 활성화된 p53 단백질은 전사 인자로 작용하여 자외선 손상에 대한 보호 반응에 관련된 다양한 유전자의 발현을 촉진한다. p53은 POMC 유전자의 발현을 유도하고, POMC는 ACTH라 불리는 부신피질자극호르몬을 생성하고, ACTH는 MSH라 불리는 멜라닌세포자극호르몬을 생성하게 된다. 생성된 MSH는 멜라닌 생산을 담당하는 세포인 멜라닌세포의 표면에 있는 MC1R이라 불리는 멜라노코틴 1 수용체에 결합한다. MSH의 MC1R 결합은 멜라닌세포 내부에서 신호 전달 연쇄 반응을 촉발하고 멜라닌 합성에 관련된 유전자의 발현을 증가시킨다. 멜라닌세포는 멜라닌 생산을 증가시키며, 생산된 멜라닌은 멜라노좀에 포장되어 피부의 외층을 이루는 주요 세포 유형인 각질형성세포로 이동한다. 이동된 멜라닌은 각질형성세포의 핵 위에 보호막을 형성하여 자외선을 흡수하고 분산시켜 피부세포의 DNA를 추가적인 UV 손상으로부터 보호한다. 이것은 변화하는 환경에 대해 유전적 적응이 단기간에 일어나는 좋은 예이다.

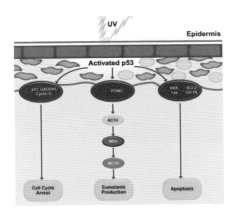

유전적 적응에 의한 멜라닌 생성 메커니즘

북극 환경에 대한 유전적 적응

북극 근처에 사는 이누이트족은 가혹한 북극 환경에서 생존할 수 있도록 유전적 적응을 하였다. 주요 유전적 적응에는 FADS 유전자군의 변이가 포함되어 있는데, 이는 해양 포유류의 전통적인 고지방 식단에서 오메가-3와 오메가-6 지방산을 대사하는 능력을 향상시킨다. 또한, CPT1A 유전자의 유전적 변화는 지방으로부터 에너지 생산을 개선하여 체온 유지에 필수적인 역할을 한다. 이러한 적응은 고지방 식단에도 불구하고 심혈관 질환의 위험을 줄여준다. 더 나아가, 갈색 지방 활동을 조절하는 유전자의 적응은 열생성을 증가시켜 이누이트족이 극한의 추위에서 열을 생성하고 체온을 유지하는 데 도움을 준다. 이러한 유전적 적응은 최소 20,000년 전, 이누이트 조상들이 러시아와 알래스카 사이의 베링 해협 주변에 살았을 때부터 시작된 것으로 보이는데, 이것은 변화하는 환경에 대한 유전적 적응의 또 다른 좋은 예이다.

추운 환경애 적응한 이누이트족

갈색 곰에서 북극곰으로의 유전적 적응

갈색 곰에서 북극곰으로의 전환은 환경 변화에 의해 유도된 유전적 적응의 다른 예다. 약 40만 년 전, 갈색 곰의 한 집단이 북극에서 고립되었고, 이들은 다른 생존 환경에 직면하게 되었다. 시간이 지남에 따라 가혹하고 얼음으로 뒤덮인 환경에서 유리한 유전적 변화가 일어나게 되었는데, 주요 적응에는 지방 대사와 관련된 유전자, 예를 들어 APOB 유전자의 변화가 포함된다. 이는 그들의 주된 먹이인 물개의 고지방 식단을 처리하는 능력을 향상시켰다. EDNRB와 AIM1 같은 유전자의 적응은 흰색 털의 발달로 이어져 눈과 얼음 속에서 위장할 수 있게 해 주었다. 추가로, 곰의 골격 구조와 사지 형태에 영향을 미치는 유전적 변화는 북극 해역에서 사냥하는 데 중요한 수영 능력을 향상시켰다. 이러한 유전적 적응은 북극곰이 북극 자원을 효율적으로 활용하고 극한의 추위에서 생존하며 갈색 곰 조상과 구별되도록 하였다. 하지만, 40만 년 동안의 유전적 변화에도 불구하고, 이들은 여전히 곰이며 다른 종으로 변하지 않았음도 주목해야 한다.

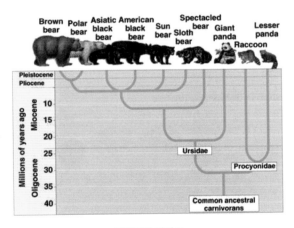

북극곰의 진화도

핀치새 부리의 유전적 적응

다윈의 핀치새 부리 크기와 형태의 변화는 환경 변화에 대한 유전적 적응의 고전적인 예다. 갈라파고스 제도에서 핀치새는 다양한 먹이원을 이용하기 위해 부리 형태를 변화해 왔다. 가뭄이 발생하여 단단한 씨앗이 주요 먹이원이 될 때는, 더 크고 강한 부리를 가진 핀치새가 선택적 이점을 갖게 된다. 반대로, 환경이 부드러운 먹이를 선호하도록 바뀌면, 더 작고 민첩한 부리를 가진 핀치새가 선택적 이점을 갖게 된다.

 이러한 적응은 ALX1 유전자와 같이 부리 형태에 영향을 미치는 특정 유전자와, HMGA2 유전자와 같이 부리 크기에 영향을 미치는 유전자의 변화 결과이다. 환경 변화는 이러한 유전적 변이에 작용하여 다양한 생태적 환경에 적합한 부리 모양을 이끌어 낸다. 여러 세대에 걸쳐 이러한 유전적 적응은 핀치새가 이용 가능한 자원을 효율적으로 활용할 수 있게 하며, 환경적 변화가 어떻게 유전적 변화가 유도하는지 보여 주는 좋은 예다. 핀치새는 약 200만 년 동안 갈라파고스 제도에 살아왔다. 이 긴 기간에도 불구하고, 이들은 여전히 핀치새로 남아 있으며 다른 종으로 변하는 대진화는 일어나지 않았다.

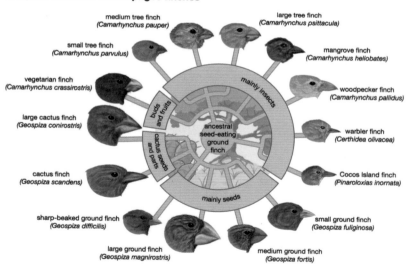

핀치새의 부리 모습 변화

다윈은《종의 기원》에서 그의 이론을 '진화론'이라고 명시적으로 주장하지 않았다. 대신, 그는 '자연 선택에 의한 종의 기원'을 주제로 '변이', '적응', '자연 선택' 등의 용어를 사용했다. '진화'라는 단어는 책의 첫 번째 판에서는 등장하지 않으며, 동시대 사람들에 널리 사용되자 이후 판에서 명시적으로 사용되었다. 어쨌던 이 '진화'라는 용어는 위의 여러 예에서 보여 주었듯이 '적응'이라는 단어가 더 적절하기에 다윈의 이론은 '진화론'으로 불리기보다는 '유전적 적응론'으로 불리어야 한다.

c. 입자물리학으로 본 창조론

앞에서 우리는 원자, 아미노산, RNA, 단백질, DNA, 세포 등으로 구성된 생명체의 기원에 대해 살펴보았다. 하지만 좀 더 근원으로 들어가서 원자들을 구성하고 있는 아원자(소립자)들은 어떻게 생성되었는지 생각해 보지 않았는데 이에 대하여 알아보도록 하자.

입자 물리학의 표준 모형에 의하면 이 세상의 모든 물질은 6개의 쿼크, 6개의 렙톤, 4개의 게이지 보존(글루온, 광자, Z 보존, W 보존), 힉스 보존 등 17개의 기본 입자로 이루어져 있다. 각 입자들은 특정한 질량, 전하, 스핀을 가지고 있으며 마치 세포 속에서 각자 맡은 역할을 성실히 수행하는 세포 소기관들처럼 입자들의 상호작용에 있어 특정한 역할을 수행한다.

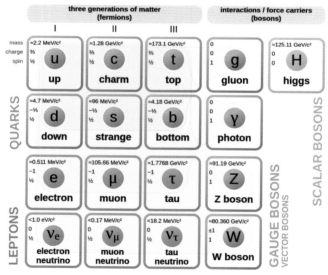

세상을 구성하고 있는 표준 모형의 기본 입자들

쿼크는 물질을 구성하는 중요한 뼈대로 2개의 업쿼크와 1개의 다운쿼크가 강력으로 묶여져 있으면 양성자가 되고, 1개의 업쿼크와 2개의 다운쿼크가 강력으로 묶여 있으면 중성자가 된다. 강력은 쿼크들이 글루온을 주고받으면서 생성되며, 거리의 역제곱에 비례하는 중력이나 전자기력과는 달리 핵자 내에서는 거리가 멀어지면 힘이 세지고 거리가 가까워지면 힘이 약해져 쿼크들이 일정한 거리를 유지하게 만든다. 쿼크들은 입자들의 상호작용 중 다른 쿼크들로 바뀌는데, 예를 들면 중성자가 베타 붕괴로 양성자로 바뀌면 중성자에 있던 다운쿼크가 업쿼크로 바뀌면서 양성자가 된다. 이렇게 쿼크가 바뀌는 패턴은 수학적으로 CKM행렬에 따른다.

기본 입자들은 힉스 메커니즘에 의해 질량을 부여받는데 아무 질량 값이나 받는게 아니라 입자마다 꼭 정해진 질량 값을 부여받는다. 입자들이 질량을 부여받을 때 힉스 입자가 생성되는데 이 입자의 실체가 2012년에 확인되었고 이 발견으로 힉스와 앙글레르가 노벨상을 수상했다.

게이지 보존은 입자들의 상호작용 중 힘을 매개하는데 광자는 전자기력, W 보존과 Z 보존은 약력, 글루온은 강력을 매개한다. 이 입자들 간의 상호작용은 양자역학, 양자장론, 양자 색역학 등을 통해 모두 수학적으로 기술될 수 있다.

입자 물리학의 세계는 광대하고 조금 난해하지만 이상의 간단한 사실들만 놓고 볼 때 다음과 같은 근원적인 질문을 던질 수 있다.

- 만물을 구성하는 17개의 기본 입자들은 어떻게 만들어졌을까? 에너지에서 우연히 추출되었을까? 아니면 정밀한 수학적 설계에 따라 생성되었을까?
- 게이지 보존들은 어떻게 하여 힘을 매개하는 특성을 획득 하였는가? 우연히 이런 메커니즘이 생성된 것인가? 아니면 정밀한 수학적 설계의 산

물인가?

· 기본 입자마다 정해진 질량을 부여하는 힉스 메커니즘은 자연적으로 생겨났는가? 아니면 정밀한 수학적 설계의 산물인가?

· 베타 붕괴로 중성자가 양성자로 바뀌는 과정은 자연적인가? 아니면 수학적 설계의 산물인가?

· 어떻게 해서 입자들의 모든 상호작용들이 수학적으로 기술 가능한 것인가? 우연인가 아니면 수학적 원리에 따라 설계되었기 때문인가?

이 5개의 사실 중 어느 하나라도 랜덤 프로세스에 의한 우연의 결과라고 생각되지 않는다. 왜냐하면 기본 입자들의 존재와 상호 작용들이 복잡한 양자역학의 수식으로 표현될 수 있기 때문이다. 이렇게 수식으로 표현될 수 있다는 것은 이 모든 것들이 수학적으로 설계되었다는 것을 뜻한다. 이 사실을 부정하는 것은 생명체의 진화론적 주장에서와 마찬가지로 각각의 기본 입자들이 생각하는 능력이 있어 알아서 질량, 전하, 스핀 값들을 가져 생성되며, 서로의 상호작용에서 복잡한 수학적 원리를 사용하여 행동한다는 것을 받아들여야 한다. 사고 능력이 없는 기본 입자들이 어려운 양자 역학을 완전히 통달 하였다는 것을 인정해야 되는데 이것은 말이 안 된다는 것을 누구라도 알 것이다.

이 논의는 미세 조정 우주의 연장선으로 만물을 구성하는 기본 입자들과 그 상호작용을 수학적으로 설계하시고 만드신 분은 창조주 하나님이시며 결코 우연에 의한 결과가 아님을 인정하여야 한다. 그럼, 다음 장에서는 생명체와 우주 만물을 지적으로 설계하시고 만드신 창조주 하나님의 지적 설계에 대해 알아보도록 하자.

d. 지적 설계론

지적 설계론(Intelligent Design)은 생명체를 포함한 우주 만물이 우연의 산물이 아니라 지적 설계자이신 창조주 하나님에 의해 설계되었다는 이론으로 창조론의 완곡한 표현이다. 이 때문에 많은 진화론자들이 무조건적인 반대로 지적 설계론을 공격하였으며 궁극적으로는 의사과학으로 매도해 버렸다. 이런 결과로 창조론자들조차 지적 설계론을 받아들이지 않는 사람들이 많다. 하지만 지적 설계는 생명체와 만물의 창조에 대한 과학적 설명으로 창조론의 또 다른 이름으로 받아들여야 한다고 생각한다.

지적 설계론의 시작은 1802년 발간된 윌리엄 페일리의 저서《자연 신학: 자연의 모습으로부터 수집한 신의 속성 및 존재의 증거》에 나와 있는 시계 공 논증으로 거슬러 올라갈 수 있다. 페일리는 시계의 복잡성이 설계자를 암시하는 것처럼 생명과 우주의 복잡성도 신적 창조자를 암시한다고 주장하였다. 지적 설계의 주요 개념에는 특정 복잡성, 환원 불가능한 복잡성, 미세 조정이 포함된다. 미세 조정의 여러 예들은 앞에서 다루었기에 이 장에서는 특정 복잡성과 환원 불가능한 복잡성을 살펴보도록 하겠다.

i. 특정 복잡성

지적 설계의 핵심 개념인 특정 복잡성은 자연에서 발견되는 특정 패턴들이 매우 복잡하면서도 특정 기능을 수행하기 위해 정교하게 배열되어 있다는 개념이다. 무작위적인 복잡성과 달리, 특정 복잡성은 단순히 복잡할 뿐만 아니라 특정 결과를 달성하기 위해 질서 있게 배열되어 있다. 이러한 이중적인 특성은 그러한 패턴이 단순한 우연에 의해 발생했기 보다는 목적을 가지고 발생했음을 의미한다. 예를 들어 알파벳 1천 개를 무작위로 조합하면 복잡하지만 뜻이 명확하지 않다. 하지만 알파벳 1천 개로 문장을 만들면 복잡한 조합같이 보이지만 그 뜻이 명확하며 어떤 의도를 가지고 그 문장을 작성하였다는 것을 아는 것과 같은 이치다.

특정 복잡성의 예 중 하나는 DNA의 구조다. DNA의 뉴클레오타이드 서열은 매우 복잡하며, 단일 가닥에서도 수많은 조합을 가지고 있다. DNA 복제 및 수선 메커니즘은 그 복잡성을 더욱 강조한다. 이러한 과정은 유전 정보를 정확하게 복사하고 유지하기 위해 여러 단백질과 효소가 협력하여 작동한다. 뉴클레오타이드 서열은 단순히 복잡할 뿐만 아니라 단백질 합성을 위한 정확한 지침을 암호화할 만큼 매우 구체적이다. DNA 서열의 각 유전자는 특정 단백질에 해당하며, 서열의 작은 변화도 결과 단백질의 기능에 큰 영향을 미칠 수 있다. 또한, DNA는 유전자가 언제 어디서 발현될지를 조절하는 조절 요소를 포함하고 있어, 또 다른 특이성을 더한다. 이 사실들은 DNA에서 관찰되는 특정 복잡성이 무작위 돌연변이와 자연 선택과 같은 비지향적인 과정에 의해 발생했을 가능성이 낮다는 것을 의미한다. 대신, 지적 설계가 이런 정교하고 기능적으로 특이한 정보의 기원을 더 잘 설명한다고 본다.

또 다른 특정 복잡성의 예는 세균 편모다. 세균 편모는 특정 세균이 운동을 위해 사용하는 채찍 같은 모터 구조로, 필라멘트, 갈고리, 기저체와 같은 다양한 구성 요소를 형성하는 약 40개의 다른 단백질로 구성된다. 기저체 자체는 로터, 스테이터, 드라이브 샤프트, 프로펠러를 갖춘 회전 엔진처럼 기능한다. 편모가 작동하려면 이 모든 부품이 존재하고 정확히 조립되어야하며, 이러한 구성 요소 중 어느 하나라도 없으면 편모는 작동하지 않는다.

편모의 구성 요소는 작동을 위해 매우 특정한 방식으로 배열되어야 하고,

단백질은 정해진 순서대로 조립되어야 하며, 그 형태는 잘 설계된 기계의 부품처럼 정확히 맞아야 한다. 편모는 복잡할 뿐만 아니라 세균을 추진하는 매우 특정한 기능을 수행한다. 놀라운 속도로 작동하며 방향을 바꾸고 에너지 효율적이어서 목적 있는 설계를 나타낸다.

세균 편모의 특정 복잡성은 무작위 돌연변이와 자연 선택에 의해 적절히 설명될 수 없으며, 그러한 고도로 통합되고 기능적인 시스템이 우연히 발생할 가능성은 극히 낮다. 게다가 편모의 중간 형태는 비기능적일 가능성이 높기 때문에 진화론이 제안하는 것처럼 점진적이고 단계적인 진화로는 설명이 불가능하다. 무엇보다도 편모의 기능에 관여하는 40여 종의 단백질 중 어느 하나라도 자연적으로 생성될 수 없기에 진화론적 설명은 더더욱 불가능하다.

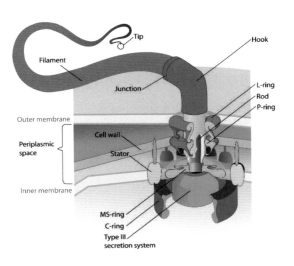

세균 편모의 구조

ii. 환원 불가능한 복잡성

환원 불가능한 복잡성은 생화학자 마이클 베히가 소개한 개념으로, 특정 생물학적 시스템이 점진적이고 단계적인 수정으로는 진화할 수 없을 정도로 복잡하다는 것을 의미한다. 이러한 시스템에는 시각 사이클, 세균 편모, 혈액 응고 연쇄 반응, 세포 내 운송 시스템, 항원 항체 반응, 그리고 AMP(아데노신 일인산)의 생합성 등이 있으며, 기본적 기능을 하는 많은 구성 요소들이 상호작용하면서 어울려 구성되는 시스템이다. 그리고, 그 구성 요소들 중 어느 하나라도 제거되면 그 시스템의 기능이 모두 정지하게 된다. 이러한 정교하고 상호 의존적인 구조는 자연 선택과 무작위 돌연변이만으로는 설명될 수 없으며, 지적 설계자의 설계에 의해서만 가능함을 나타낸다. 이런 시스템에는 많은 특정 단백질과 효소들의 참여가 포함되는데 DNA나 단백질 한 조각도 진화론적으로 생성될 수 없음에도 불구하고 진화론자들은 지적 설계론에 무조건적인 반대를 하는게 현 상황이다.

환원 불가능한 복잡성의 예 중 하나인 시각 사이클(visual cycle)에 대해 자세히 알아보자. 눈의 시각 사이클은 빛을 전기 신호로 변환하여 시각을 가능하게 하는 생화학적 과정이다. 시각 사이클의 주요 구성 요소는 광수용체(간상체와 원추체), 로돕신, 옵신, 레티날, 신호 전달 경로, 신경 처리 과정 등이다. 광수용체는 빛을 감지하는 망막의 세포이며, 간상체는 약한 빛을 감지하고, 원추체는 색을 감지한다. 각 광수용체는 로돕신이라는 광색소 분자를 포함하며, 이는 단백질인 옵신과 빛에 민감한 분자인 레티날로 구성된다. 원추체는 다양한 파장의 빛에 반응하는 다른 옵신을 포함하여 색상 시각을 가능하게 한다. 레티날은 비타민 A의 유도체로, 빛을 흡수하면 모양이 변한다. 이 모양 변화는 옵신을 활성화하여 시각 변환 연쇄 반응을 시작한다. 활성화된 옵신은 트랜스듀신이라는 G-단백질을 활성화하고, 트랜스듀신은 PDE(포스포디에스테라제)를 활성화하여 세포 내 cGMP(고리형 구아노신 일인산) 수치를 낮춘다. cGMP 수치가 낮아지면 광수용체 세포막의 이온 채널이 닫히고, 이는 세포의 과분극을 초래하여 전기 신호를 생성한다. 전기 신호는 양극세포를 통해 신경절세포로 전달되어 시신경을 통해 뇌로 전송되며, 뇌는 이러한 신호를 처리하여 시각 이미지를 형성한다. 이런 일련의 시각 사이클은 순간적인 속도로 진행되며 아주 적은 빛에 의해서도 효율적으로 진행되어 어두운 곳에서도 물체를 잘 분별할 수 있게 한다. 이 과정들을 파이썬 프로그램으로 나타내면 다음과 같다.

초기화: 시각 사이클을 위한 광수용체 환경설정

```python
class VisualCycle:
    def __init__(self):
        self.photoreceptors = {'rods': [ ], 'cones': [ ]}
        self.initialize_photopigments( )
        self.signal_pathway_active = False
```

사용자 입력: 들어오는 빛을 감지하고 광색소 활성화 과정 시작

```python
def detect_light(self, light_wavelength):
    if light_wavelength in visible_spectrum:
        self.activate_photopigment(light_wavelength)
```

이벤트 생성: 레티날의 모양을 변화시키고 옵신을 활성화한 후 신호 전달 경로를 촉발

```python
def activate_photopigment(self, wavelength):
    retinal = self.change_retinal_shape(wavelength)
    opsin = self.bind_retinal_to_opsin(retinal)
```

```python
    self.start_signal_transduction(opsin)

# 이벤트 처리: 트랜스듀신과 PDE를 활성화하여 cGMP 수치를 감소시키
  고, 이온 채널을 닫아 전기 신호를 생성
def start_signal_transduction(self, opsin):
    self.signal_pathway_active = True
    transducin = self.activate_transducin(opsin)
    pde = self.activate_pde(transducin)
    self.regulate_cGMP_levels(pde)
    self.generate_electrical_signal()

# 시그널 처리: cGMP 수치에 따라 이온 채널을 조정하여 전기 신호 생성
  을 촉진
def regulate_cGMP_levels(self, pde):
    cGMP_level = self.reduce_cGMP(pde)
    self.adjust_ion_channels(cGMP_level)

# 시그널 출력: 전기 신호를 생성하고 뇌로 전송
def generate_electrical_signal(self):
    if self.signal_pathway_active:
        electrical_signal = self.create_signal()
        self.transmit_signal_to_brain(electrical_signal)

# 네트워크 통신: 신호를 처리하고 양극 및 신경절세포를 통해 전달, 궁
  극적으로 시신경을 통해 신호 전송
def transmit_signal_to_brain(self, signal):
    bipolar_cells = self.process_signal_with_bipolar_cells(signal)
    ganglion_cells = self.forward_signal_to_ganglion(bipolar_cells)
```

```
optic_nerve = self.send_signal_via_optic_nerve(ganglion_cells)
self.visual_perception(optic_nerve)
```

\# **최종 출력**: 뇌가 신호를 해독하고 처리하여 시각 이미지를 생성

```
def visual_perception(self, optic_nerve):
    visual_cortex = self.decode_signal(optic_nerve)
    self.render_image(visual_cortex)
```

시각 사이클을 컴퓨터 프로그램으로 나타낸 위 비유에서 우리는 다음과 같은 사실을 명확히 알 수가 있다. 시각 사이클의 각 구성 요소는 상호 의존적이며, 광수용체, 로돕신, 레티날, 트랜스듀신, PDE, 이온 채널이 이미 존재하고 제대로 기능을 해야 한다. 만일 어느 한 구성 요소라도 존재하지 않으면 시각 사이클은 작동하지 않는다. 또한, 시각 사이클의 순서가 바뀌어도 시각 사이클은 작동하지 않는다. 따라서 이러한 복잡한 시스템은 모든 구성 요소가 없는 중간 단계는 기능하지 않으므로 작은 점진적 변화의 연속을 통한 진화론으로는 설명 할 수 없다. 시각 사이클이 컴퓨터 프로그램으로 잘 표현되는 것은 눈이 창조주에 의해 지적으로 설계되었다는 것을 의미한다. 이것이 지적 설계론의 한 예이며 눈의 설계도는 창조주께서 설계하신 염색체 11번에 있는 PAX6라는 눈을 만드는 유전자다.

그럼에도 불구하고 진화론자들은 무리한 설명으로 눈의 기원을 설명하고자 한다. 다윈은 눈과 같은 이러한 복잡한 기관은 무척추동물에서 발견되는 하나의 시신경이 점진적 변화를 거쳐 척추동물의 눈으로 진화해 나왔다고 주장한다. 도킨스 역시 스웨덴 생물학자들의 모의실험을 언급하면서 눈은 명암과 방향 정도를 감지하는 단순한 조직에서 36만 4000세대를 거쳐 수정체를 갖춘 카메라 수준으로 진화하였다고 주장한다. 위의 실험은 어류

의 눈을 대상으로 한 것인데 만일 어류의 한 세대를 10년으로 잡는다면 시신경에서 완전한 눈으로 진화하기 위해 약 360만 년이 걸린다는 이야기다. 이 긴 기간 동안 보이지 않는 눈으로 어떻게 먹이 활동을 하였으며 또한 포식자들로부터 어떻게 살아남았는지 의문이다. 또한 DNA나 단백질조차 자연적으로 형성될 수 없는데 최초의 시신경은 어떻게 생성되었는지에 대한 설명이 없으며, 대부분의 돌연변이가 해롭거나 중립적으로 나타나는데 어떤 과정을 거쳐 단순한 조직에서 카메라 수준의 눈으로 진화했는지 의문이다. 이것 역시 시각 사이클 상호작용에 관여하는 요소들이 스스로 생각하는 능력이 있어 시각에 필요한 광수용체, 로돕신, 레티날, 트랜스듀신, PDE, 이온 채널 등이 있어야 함을 알고 스스로 알아서 이런 요소들을 생성하여 시각 사이클을 완성했다고 생각해야 하는 무리한 주장이다.

간상세포 표면에서 시각 사이클이 작동하는 원리

iii. 지적 설계론 주요 도서

이 장에서는 지적 설계론에 대한 중요한 서적들을 소개하고자 한다.

위기에 처한 진화론(Evolution: A Theory in Crisis, Michael Denton,

1985): 이 책에서 마이클 덴튼은 분자 생물학과 고생물학 등 여러 분야의 증거를 제시하며, 생명체에서 관찰되는 정교한 구조와 기능이 무작위 돌연 변이와 자연 선택으로는 설명하기 힘들며 지적 설계를 가리킨다고 설명하 고 있다.

다윈의 블랙박스(Darwin's Black Box: The Biochemical Challenge to Evolution, Michael J. Behe, 2006): 이 책에서 마이클 베히는 환원 불가능 한 복잡성 개념을 소개하며, 세균 편모와 같은 특정 생물학적 시스템이 자 연 선택이나 점진적 진화로는 설명할 수 정도로 복잡하며 지적 설계의 산 물이어야만 설명 가능하다고 주장한다. 이 책이 미국에서 처음 나왔을 때 Nature나 Science와 같은 과학적인 저널은 물론이고 Wall Street Journal과 같은 비교적 대중적인 저널에 이르기까지 많은 곳에서 비평되었다. 베히의 책은 창조론을 지적 설계라는 과학의 경지로 끌어 올렸다는 평가를 받는다.

심판대의 다윈(Darwin on Trial, Phillip Johnson, 2010): 필립 존슨에 의 해 쓰여진 심판대 위의 다윈은 지적 설계 운동의 출발점이며 다윈주의의 학술적 비평과 새로운 과학 패러다임으로서 지적 설계 운동을 열었다는 평 가를 받고 있다. 이 책의 제1장은 법적 배경으로서 이 책의 저술 목적을 피 력하고 있고, 제2장부터 제8장에 이르기까지 자연선택, 크고 작은 돌연변 이, 화석문제, 진화의 사실, 척추동물 계통, 분자적 증거, 생명 이전의 진화 등 진화론과 관련된 직접적 내용을 다루며, 제9장부터 제12장까지는 과학 의 규칙, 다윈주의 종교, 다윈주의 교육, 과학과 의사과학 등 진화론과 관련 된 철학적 내용을 다루고 있다.

세포 속의 시그니처: DNA와 지적 설계의 증거(Signature in the Cell: DNA and the Evidence for Intelligent Design, Stephen C. Meyer, 2010): 이 책은 세포에 대한 현대 분자생물학과 생화학의 발견에 기초하여 지구상 최초의

생명의 출현은 지적 존재의 설계에 의해서 가능했다는 것을 논증하고 있다. 그는 DNA 내 유전 정보의 정교함을 바탕으로 지적 설계에 대한 상세한 사례를 제시하며, 생명의 기원이 무작위 과정보다는 목적 있는 창조를 가리킨다고 제안한다.

다윈 퇴보: 진화에 도전하는 DNA에 대한 새로운 과학 (Darwin Devolves: The New Science About DNA That Challenges Evolution, Michael J. Behe, 2020): 베히의 또 다른 책으로 최근의 유전적 발견들이 전통적인 다윈의 진화론을 약화시킨다고 주장한다. 그는 자연 선택과 무작위 돌연변이가 소규모 적응을 설명할 수는 있지만, 세포 내의 분자 기계를 설명하기에는 부족하다고 주장한다. 베히는 "퇴보"라는 개념을 도입하여 돌연변이가 새로운 유익한 특성을 창출하기보다는 유전 정보를 잃게 만들며, 이러한 유전적 한계가 지적 설계자의 필요성을 가리킨다고 주장하고, 지적 설계가 생명의 복잡성을 설명하는 더 적합하다고 제안한다.

생명 기원의 미스터리: 현재 이론들의 재평가(The Mystery of Life's Origin: Reassessing Current Theories, Charles B. Thaxton et al., 2020): 이 책은 생명의 기원을 설명하는 다양한 진화론적 이론의 단점을 논의하며 지적 설계를 과학적으로 유효한 대안으로 소개하고 있다. 현대 지적 설계 운동의 기초를 마련한 책으로 평가된다.

설계 추론: 작은 확률을 통한 우연의 배제(The Design Inference: Eliminating Chance through Small Probabilities, William A. Dembski & Winston Ewert, 2023): 이 책은 자연계에서 지적 설계를 탐지하기 위한 이론적 기초를 제공한다. 특정 복잡성, 작은 확률, 필터링 기법의 3가지 주요 개념을 사용하여 지적 설계를 추론해 낸다. 어떤 현상이 복잡하면서 동시에 특정한 기능을 수행할 때, 또는 자연 현상이 무작위적으로 발생할 확률이 매

우 낮을 때는 지적 원인에 의해 설계되었음을 나타낸다. 필터링 기법은 특정 현상이 자연 법칙에 의해 설명될 수 있는지를 확인하여, 만약 자연 법칙으로 설명될 수 없다면, 두 번째 단계에서는 무작위적인 과정에 의해 설명될 수 있는지를 검토한다. 무작위적인 과정으로도 설명되지 않는다면, 마지막 단계에서 지적 설계에 의해 설명될 가능성을 고려하는 것이 필터링 기법이다. 복잡한 생물학적 시스템은 무작위적인 과정에 의해 형성될 가능성이 낮기 때문에 지적 원인에 의해 설계되었음을 나타낸다.

e. 인간은 유인원으로부터 진화하였는가?

인류학자들에 따르면 인간의 진화는 약 2천 만 년 전 호미노이디아(Hominoidea)에서 시작되었다고 한다. 호미노이디아는 호미니데(Hominidae)와 힐로바티데(Hylobatidae, 긴팔원숭이)로 분화되었고 호미니데는 호미니나이(Homininae)와 퐁기나이(Ponginae, 오랑우탄)로, 호미니나이는 호미니니(Hominini)와 고릴리니(Gorillini, 고릴라)로, 호미니니는 호미니나(Australopithecina)와 파니나(Panina, 침팬지)로, 호미니나는 오스트랄로피테쿠스(Australopithecus)와 아르디피테쿠스(Ardipithecus)로 분화되었다. 인간은 약 235만 년 전 오스트랄로피테쿠스에서 호모 하빌리스(Homo habilis), 호모 에렉투스(Homo erectus), 호모 사피엔스(Homo sapiens)를 거쳐 진화했다고 주장한다. 이것이 과연 사실일까?

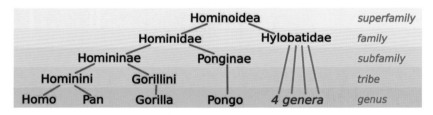

영장류 페밀리 트리

앞장에서 이야기한 대로 핀치새의 경우 200만 년이 흘러도 여전히 핀치새로 남아 있으며 변한 것이라곤 부리 모양이다. 하지만, 거의 같은 기간인 235만 년 동안 침팬지와 같은 유인원이 많은 신체적 진화와 엄청난 지적인 진화를 거쳐 인간으로 진화하였다는 것은 이해하기 힘든 일이다.

루시

235 만년 후

인간은 유인원으로부터 진화하였는가?

　이 문제를 좀 더 자세히 살펴보기 위해 오스트랄로피테쿠스가 인간으로 변하기 위해서는 얼마만큼의 유전자 변이가 필요한지 유전학적으로 접근해 보자.

　그러기 위해서는 오스트랄로피테쿠스와 인간의 유전자 지도가 필요하다. 인간의 유전자 지도는 있지만 오스트랄로피테쿠스의 유전자 지도는 가지고 있지 않다. 오스트랄로피테쿠스 중 가장 잘 알려진 루시의 뇌는 현대 침팬지의 뇌와 비슷한 크기를 가지고 있다. 따라서 오스트랄로피테쿠스의 유전자가 인간과 가장 가까운 침팬지의 유전자와 비슷하다고 가정하자. 침팬지의 유전자 분석은 2005년에 최초로 행하여졌는데 인간의 유전자와 비교해 보면 약 1.2%가 다름이 발견되었다.

　부모로부터 다음 세대로 유전자가 전해질 때 약 60개 정도의 유전코드에 에러가 발생하는 돌연변이가 일어난다. 이 숫자는 1억 개의 DNA 문자 중 단지 1개의 문자가 변이되는 확률이다. 한 세대를 25년으로 잡고 오스트랄로피테쿠스로부터 인간까지 진화하는 데 2백 5십만 년이 걸린다고 하면 이 기간 동안 10만 세대가 흘렀고 유전자 변이는 10만 곱하기 1억 분의 1인 0.1%의 유전자 변화가 일어날 수가 있다. 이 0.1%의 유전자 차이는 현생 인류의 여러 인종 간 평균 유전자 차이와 비슷하며 침팬지 수준의 유인원이 인간으로 진화하는 데 필요한 유전자 변이의 약 10%밖에 되지 않는다. 그러므로 2백 5십만 년 동안 오스트랄로피테쿠스부터 인간으로 진화하는 것은 유전학적으로 불가능함을 알 수가 있다.

이 계산은 유전자 돌연 변이가 다음 세대에 이롭게 나타난다는 가정하에 도달한 수치이며 조금이라도 해로운 변이가 함께 나타난다면 인간으로 진화하기에는 더욱더 불가능한 수치에 도달할 것이다.

f. 외계인의 존재와 창조론

이 장에서는 좀 색다른 방법인 외계인의 존재 여부로부터 창조론과 진화론을 생각해 보도록 하자.

우주에 있는 수많은 별들 중에는 우리 태양계와 비슷한 조건을 가진 별들이 셀 수 없이 많다. 그런 별 주위를 도는 행성들도 보면 우리 지구와 비슷한 조건을 가진 행성들 역시 무수히도 많을 것이다. 따라서 진화론이 맞는다면 우리 지구에만 생명체가 발생한 것이 아니라 지구와 비슷한 조건을 가진 수많은 행성에서도 생명체들이 발생되어야 할 것이다. 그럴 경우 어떤 행성에서는 이제 막 생명체가 발생하여 박테리아 수준의 생명체가 살고 있을 것이고 어떤 행성에서는 오래전에 생명체가 발생하여 현재 우리가 상상할 수도 없는 고도의 문명을 누리고 있을 것이다. 만일 우리가 이렇게 많은 우주 생명체들의 존재를 발견한다면 창조론과 진화론의 논쟁에 종지부를 찍을 수 있을 것이다.

외계인은 존재하는가?

우주에 외계인의 존재 여부를 직접적으로 알아보는 외계인 탐사 계획(SETI 계획)은 1960년대 초 드레이크에 의해 시작되었다. 초기에 행해진 외계인 탐사 계획은 오즈마 계획과 오즈마 계획 II로 불리는데 미국 그린뱅크에 있는 전파망원경을 사용하여 지구에서 가까운 약 650여 개의 태양형 별들을 관측하였다. 그 후 나사에서 수행된 사이클롭스 계획, 그 후속으로 수행된 피닉스 계획, 버클리 대학에서 수행된 세렌딥 계획, 하버드와 프린스튼 대학에서 수행된 광학 세티 계획 등을 통해 태양과 비슷한 1천여 개의 별들이 더 관측되었다. 그럼 그 결과는 어떻게 되었을까? 지금까지 60여 년 동안 여러 세티 계획을 통해 외계인의 존재를 추적하였지만 그 존재를 발견하지 못했다. 최근 백만 개의 별과 백 개의 은하를 관측하고 인공지능으로 분석한 '획기적 청음(Breakthrough Listen)' 계획의 결과도 역시 외계문명을 발견하지 못하였다. 그렇다면 외계인은 존재하지 않는 것인가? 이에 대한 설명을 뒤로하고 UFO 문제로 넘어가 보자.

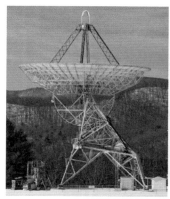

오즈마 계획에 사용된 그린뱅크 전파망원경(좌)과
세렌딥 계획에 사용된 아레시보 전파망원경(우)

외계인이 타고 온 것으로 생각되는 UFO가 언론에 처음 알려진 것은 1947년 아놀드라는 사람이 워싱턴주 레이너산 근처에서 접시처럼 생긴 빠른 물체를 보았다고 보고하면서부터이다. 같은 해 뉴멕시코주 로즈웰에서 은박지, 종이, 테이프, 막대기 같은 UFO의 잔해가 발견되면서 더욱 많은 사람들의 관심을 끌었다. 그렇다면 과연 이 UFO의 정체는 무엇일까?

많은 사람들이 궁금해하는 UFO의 정체를 미공군, 미국 항공 우주 학회, 프랑스 우주국 등이 체계적으로 조사를 하였다. 그 조사된 결과를 보면 보고된 UFO 사건의 80-90%가 천문현상, 비행기, 풍선, 광학 현상, 새, 구름 등의 순서로 확인되었으며 나머지 10-20%가 미확인 물체로 판명되었다. 그렇다면 외계인들은 이런 미확인 UFO를 타고 지구를 방문하였을까?

UFO는 외계인이 타고 온 비행접시일까?

이 의문에 대한 해답을 위해 다시 외계인 탐사 계획으로 돌아가 보자. 외계인 탐사 계획을 처음 시도한 드레이크는 우주에 외계인이 얼마나 존재하는지 그 존재 확률을 계산하는 방정식을 제시하였다. 이 방정식에 의하면 우주로 전파를 발사할 수 있는 고도의 문명을 가진 외계인이 존재할 확률은 그 은하에서 별이 생성될 확률, 그 별이 행성을 가질 확률, 그 행성의 환경이 지구와 비슷한 확률, 그 행성에서 실제로 생명체가 생겨날 확률, 그 생명체가 지적 생명체로 진화할 확률, 그 지적 생명체가 우주공간으로 전파를 보낼 정도의 문명을 가질 확률, 그런 고도의 문명이 퇴화되지 않고 지속될 확률 등을 곱한 값으로 추정할 수 있다.

이 개개의 항목들에 대한 최신값을 대입해 계산된 외계인의 존재확률을 보면 한 은하당 약 2개의 행성에서 지적 생명체가 존재할 수 있다는 확률이 나온다. 한 은하에 2개 정도의 지적 생명체가 존재한다면 전 우주에는 4천억 개의 지적 생명체들이 살고 있다는 것이다. 그럴 경우 우리 지구인은 다른 행성에 사는 외계인들에 비해 하나도 특별할 것도 없는 그 많은 4천억 개의 지적 생명체 중 단지 하나에 불과할 것이다. 드레이크 방정식은 지구와 비슷한 행성에서 생명체가 자연스럽게 생겨나고 또 그 생명체가 고등생명체로 진화한다는 가정이 들어 있는 진화론적 배경의 이론이다. 즉 진화론이 맞는다면 우리 지구뿐만 아니라 전 우주의 무수히 많은 행성에서 지적 생명체들이 생겨날 수 있다는 이야기다.

첫 장에 언급하였듯이 빅뱅 우주론의 람다 CDM모델에 의하면 우리 우주는 약 138억 년 전에 생성되었다. 최근의 관측에 의하면 최초의 은하와 별들은 지금으로부터 약 134억 년 전에 형성되었는데 진화론이 맞을 경우 이미 그때부터 생명체들의 진화가 시작되었을 것이다. 따라서 어떤 생명체는 우리보다도 1억 년, 10억 년, 또는 최고 94억 년(우리는 40억 년 전부터 진화를 시작하였음) 먼저 진화를 시작하여 지금은 우리가 상상하지 못할 정도의 고도 문명을 이루고 있을 것이다.

이런 생명체들이 134억 년 전부터 우주의 여러 곳에서 균일한 빈도로 진화를 시작하였다고 가정하면 약 70%(94억 년/134억 년) 정도의 우주생명체들이 우리보다 먼저 진화를 시작하였고 그중 90%는 우리보다 9억 4천만 년 먼저 진화하였고 99%는 우리보다 9천 4백만 년 더 일찍 진화를 시작하였을 것이다. 이제 극히 보수적인 입장을 취하여 그들 중 99%가 아니라 1%만, 또한 우리보다 9천 4백만 년이 아니라 단지 백만 년 먼저 진화하였다고 가정해 보자. 그럴 경우 앞의 드레이크 방정식에서 계산된 4천억 개의 지적 생명체 중 1%인 40억 개의 지적 생명체가 우리보다도 백만 년 먼저 진화를 시작하였을 것이다.

그렇다면 우리보다 백만 년 먼저 진화한 문명체들의 과학 수준은 어떨까? 우리 지구의 예를 보면 석기 시대를 지나 중세 시대까지는 과학 문명이 서서히 발달하였다. 하지만 산업혁명을 기점으로 18세기 후반의 증기기관, 19세기 후반의 내연기관, 20세기 초의 라이트 형제에 의한 비행기의 발명, 20세기 중반의 컴퓨터 발명, 21세기 초 인공지능을 거쳐 오면서 지구의 과학 수준은 비약적으로 발전하기 시작하였다. 이렇듯 몇백 년만 지나도 현격한 수준으로 과학이 발달하는데 지금으로부터 백만 년이 지난다면 그들의 과학 수준은 아마 우리가 상상할 수 없을 정도로 발달해 있을 것이다.

그렇게 과학이 발달되어 있을 경우 그들은 어떤 방법으로 우주 여행을 할까? 우리 지구인의 관점에서 우주 여행을 생각한다면 누구나 빠르게 달리는 탈것을 가지고 우주 여행하는 것을 떠올릴 것이다. 이러한 사고에 의해 자연스럽게 도출된 것이 비행접시다. 하지만 외계인이 지구를 방문한다면 이런 지구적 사고의 비행접시 같은 탈것을 타고 지구를 방문하지 않을 것이다. 왜냐하면 앞에서 살펴보았듯이 우주는 우리의 상상을 초월할 정도로 크고 가장 가까운 별까지도 빛의 속도로 달리면 4.2년이 걸리기 때문이다. 그럼 초고도 문명의 지적 생명체들이 광대한 우주를 여행하기 위해서는 어떤 방법을 사용할까?

아인슈타인은 상대성 이론을 발표한 후 로젠과 함께 두 블랙홀을 잇는 웜홀의 존재를 발견하였다. 이 웜홀을 통하면 우주의 아무리 먼 거리라도 순식간에 통과할 수 있다. 그런데 문제점은 이 웜홀의 존재가 불안정하여 형성되자마자 닫힌다는 것이며 이 웜홀을 통과하는 모든 물체들은 강한 중력에 의해 완전히 분해된다는 것이다. 그럼 이 웜홀을 통해서는 우주여행을 하지 못하는 것일까? 가능한 방법은 우주여행을 하고자 하는 사람의 신체에 대한 모든 자료, 예를 들면 신체의 구조와 사이즈, 그 신체를 이루고 있는 모든 세포와 DNA의 구조, 그리고 그 사람의 기억까지도 정보화시키는 것이다. 그런 후 이 정보를 웜홀을 통하여 가고자 하는 곳으로 보내고, 보내어진 정보를 바탕으로 우주 저편에서 그 사람을 똑같이 복사해 내는 방법이다. 하지만 이런 방법을 쓰기 위해서는 불안정한 웜홀을 항상 열려 있게 만드는 네거티브 에너지의 물질이 있어야 되고 또한 가고자 하는 우주 저편에 몸을 복사하는 장치가 이미 존재해 있어야 한다. 양자얽힘(quantum

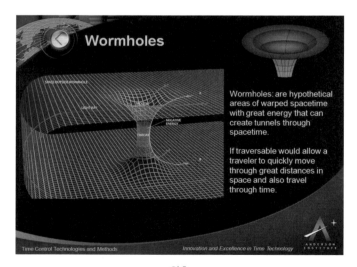

웜홀

entanglement) 현상을 이용해 정보를 아주 먼 곳까지 복사할 수도 있지만 정보 전달 속도가 특수상대론의 제약을 받아 실질적이지 못하다.

그렇다면 이 방법 외에는 다른 방법은 어떤 것이 있을까? 그것은 바로 TV의 드라마 스타트랙에서 나왔듯이 초공간을 통하여 우리가 가고자 하는 우주 저편으로 순식간에 공간 이동(Teleportation)하는 방법이다. 막 우주론(Brane cosmology)에 의하면 우리의 3차원 우주는 보다 높은 차원인 초공간(Bulk 또는 Hyperspace)의 일부라는 것이다. 현재 우리의 과학 수준으로는 막 우주론이 제시하는 초공간을 통한 공간 이동 방법을 모르지만 우리보다 백만 년이나 먼저 과학문명을 꽃피운 문명체들이 있다면 이런 공간 이동을 통한 우주 여행 방법을 이미 오래전에 발견하였을 것이고 그런 그들에게 있어서의 우주 여행은 우리가 이웃 집을 방문하는 수준으로 보편화 되어 있을 것이다. 따라서 미래의 우주여행 방법은 비행접시를 타고 천문학적인 거리를 가는 것이 아니라 초공간을 통해 순식간에 공간 이동하는 방법이 될 것이다.

공간 이동

이제 우주에 있는 각각의 지적 생명체가 살고 있는 행성에서 약 10억 명의 외계인이 살고 있다고 가정하자. 그럴 경우 우리보다 백만 년 먼저 문명을 꽃피웠고 지구를 이웃집처럼 방문할 수 있는 전체 외계인 수는 40억 개의 지적 생명체×10억 명으로 400경 명이 됨을 알 수 있다. 그들 중 모두가 한 번씩 지구를 방문한다면 400경 명, 1%만 방문한다면 4경 명의 외계인들이 우리 지구를 방문할 수 있을 것이다. 만일 그들이 하루에 한 번씩 지구를 방문한다면 4경 명의 외계인이, 일 년에 한 번씩이면 110조 명, 십 년에 한 번씩이면 11조 명의 외계인들이 매일 지구를 방문하게 될 것이다. 그렇게 될 경우 우리 지구는 지구에 사는 인간들보다 훨씬 더 많은 외계인들이 몰려와 그야말로 발 디딜 틈이 없을 정도의 장사진을 이룰 것이다. 그런데 과거에도 그리고 현재에도 그런 외계인의 방문 흔적이 전혀 없는 것은 어떻게 이해하여야 할까?

외계인의 지구 방문 흔적이 없는 것에 대해 1950년에 엔리코 페르미가 의문을 가졌고 "모두 어디에 있지?"라고 물었던 페르미 역설(Fermi paradox)로 알려져 있다. 이에 대한 설명으로서는 i) 외계인은 벌써 우리 곁에 와 있지만 우리가 알지 못할 뿐이다, ii) 외계인은 존재하지 않고 우주에는 우리뿐이다. i)의 경우 세계 여러 관광지에서 지구인들보다 훨씬 더 많은 외계인을 볼 수 있을 것이고, ii)의 경우 외계인의 수를 추정한 드레이크 방정식에서 진화론에 근거한 '행성에서 생명체가 자연적으로 생겨날 확률'이 제로(0)가 될 것이다. 외계인이 박테리아나 투명인간이 아니라면 어떤 형태로든 우리에게 그들의 존재가 드러났을 터인데 아직까지 그들의 존재를 확인하지 못했다는 사실은 드레이크 방정식에서 가정한 진화론이 잘못 되었음을 시사한다.

9. 동물의 본능에 내재된 창조론

컴퓨터에는 하드웨어와 소프트웨어만 있는 게 아니라 그 중간 형태인 펌웨어(Firmware)라는 것이 있다. 이것은 컴퓨터를 켤 때 시작되는 바이오스(BIOS) 프로그램을 지칭한다. 바이오스 프로그램은 삭제 불가능한 롬(Rom)이나 플래시 메모리에 저장되어 있는 것으로 컴퓨터의 하드 디스크 및 입출력 장치들을 통제하는 프로그램이 들어 있다. 즉 컴퓨터를 만든 사람이 그 컴퓨터가 어떻게 작동되어야 할지 지시하는 사항이 하나하나 기록되어 있는 것으로 생명체에 있어서 본능과 같은 역할을 수행한다고 볼 수 있다.

대부분의 창조론과 진화론은 하드웨어적인 측면을 비교하고 있는데 여기에서는 펌웨어와 유사한 생명체의 본능적인 측면을 가지고 비교해 보도록 하자. 생명체에 내재된 이 본능이 생존을 위해 어떻게 이행되는지 큰미장이 꽃벌과 위버새(Weaver bird)의 집 짓기를 통해 살펴보기로 하겠다.

i. 큰미장이 꽃벌의 집 짓기

큰미장이 꽃벌의 집 짓기는 파브르 곤충기에 자세히 나와 있는데 내용을 정리하면 다음과 같다. 큰미장이 꽃벌은 강가 모래밭의 평평한 돌을 고른 후 그 위에 침으로 반죽한 흙덩이를 날라와 도넛 형태로 쌓으며 튼튼한 집을 짓는다. 그 후 지어진 집에 꿀과 꽃가루를 채우고 알을 하나 낳은 후 집 입구를 막아 버린다. 여기서부터 파브르는 재미있는 실험들을 진행한다.

벌이 집 짓기의 첫 단계인 도넛을 쌓아 기초를 만든 후 다시 흙덩이를 가지러 갔을 때 집 짓기를 거의 마친 다른 벌의 집과 맞바꾸어 놓으면 흙덩이를 물고 돌아온 벌이 그것을 보고 어떻게 행동을 할까? 그럴 경우 흙덩이를 버리고 거의 완성된 집에 꿀을 채우는 것이 정상적인 행동이겠지만 그렇게 하지 않고 완성된 집 위에 가져온 반죽을 발라 집 짓기를 계속한다.

완성된 집에 반죽을 발라 집 짓기를 계속하는 꽃벌

이와는 반대로 집이 완전히 지어져 꿀이 저장되고 있는 집을 벌이 없을 때 기초공사만 마친 집과 맞바꾸어 놓았다면 꿀을 모아 집으로 돌아온 벌은 어떻게 행동할까? 가져온 꿀을 내려놓고 대신 흙반죽을 가져다가 집을 완성시키기보다는 금방 넘칠 정도의 낮은 집에다가 계속해서 꿀을 저장한다.

기초공사만 마친 집에 꿀을 계속 저장하는 꽃벌

이 두 가지 실험을 보면 벌은 변화되는 상황과 관계없이 본능 속에 내재된 프로그램대로 집 짓기를 하고 꿀을 모으는 순서에 들어가며 그 순서는 바꿀 수 없다는 것으로 해석할 수 있다.

파브르가 행한 또 다른 실험은 벌이 꿀을 벌집에 채우는 순서와 알에서 깨어난 벌의 행동이다. 벌이 꿀을 가지고 집에 도착하면 먼저 꿀주머니 속의 꿀을 토해 내려고 벌집 속으로 머리를 넣는다. 그런 후 꿀을 토해내고 머리를 뺀 후 대신 꽁무니를 넣어서 몸에 묻어 있는 꽃가루를 털어낸다. 그런데 벌이 벌집에 꿀을 토해내고 꽁무니를 넣는 순간 꽁무니를 못 넣게 집 밖으로 쫓아내면 벌은 다시 날아와 조금 전에 꿀을 토해 몸 안의 꿀주머니가 비어 있는데도 다시 머리부터 먼저 넣고 꿀을 토한 후 꽁무니를 넣는 동작을 반복한다.

벌은 꿀을 먼저 토해내고 꽃가루를 턴다(좌).
꽃가루를 털어내는 벌을 방해하면 다시 꿀을 토하고 꽃가루를 털려고 한다(우).

이것 역시 벌이 본능 속에 내재된 꿀을 채우는 프로그램대로 행동하며 그 순서는 바꿀 수 없다는 것을 나타낸다.

벌이 알에서 깨어나 밀봉된 집을 뚫고 나오는 행동에서도 이와 비슷한 본능을 관찰할 수 있다. 미장이 꽃벌은 집 짓기가 끝나면 꿀을 채워 넣고 그 위에 알을 낳은 후 집 입구를 막아 버린다. 막혀진 입구는 시멘트처럼 딱딱하지만 알에서 깨어난 성충은 곧바로 크고 튼튼한 턱으로 그 단단한 벽을 뚫고 밖으로 나온 후 꿀을 찾으러 날아간다. 그런데 벌집 입구에 원뿔 모양의 종이 뚜껑을 씌워 놓으면 딱딱한 벽을 뚫고 나온 성충은 어떻게 행동할까? 시멘트처럼 딱딱한 벽을 뚫을 수 있는 턱을 가지고 나왔지만 그것보다 훨씬 더 뚫기 쉬운 종이 뚜껑에 부딪히게 되면 종이 뚜껑을 뚫으려는 노력을 전혀 하지 않고 그대로 굶어 죽는다.

집에 딱 붙은 종이는 뚫고 나오지만 원뿔모양의
종이뚜껑은 어떻게 해야 할지 몰라 굶어 죽는다.

여기서 알 수 있는 사실은 벌은 태어나자마자 딱딱한 집 입구를 한 번만
뚫고 나가면 얼마든지 꽃을 찾아 날아갈 수 있는 공간이 펼쳐지리라 기대
가 본능에 내재되어 있음을 알 수 있다. 하지만 뜻하지 않게 종이로 막힌 조
그마한 공간을 만나게 되면 그 다음에는 어떻게 해야 할지 몰라 그대로 굶
어 죽게 된다. 이 사실 역시 벌이 태어나서 해야 할 행동이 톱니처럼 맞물려
있어 본능에 의한 순서대로 진행되지 않으면 자연계에서 생존할 수 없다는
것을 말해 주고 있다.

ii. 위버새의 집 짓기

아프리카나 서남아시아에서 발견되는 노란 위버새의 집 짓기를 살펴보
면 큰미장이 꽃벌이 보인 것과 같은 유사한 본능을 발견할 수 있다. 위버새
는 좀 특이한 새집을 짓는데 풀을 하나하나 물어다가 엮어서 조롱박처럼
생긴 집을 짓는다.

위버새의 둥지

이 집 짓기 기술을 놓고 마라이스(Marais)라는 사람이 실험을 하였다. 마라이스는 위버새를 우리에 가두어 키우면서 산란기에 집을 짓지 못하게 하고 알을 낳게 하였다. 그렇게 하여 태어난 새끼에게도 집 지을 풀을 제공하지 않고 바닥에 알을 낳게 하는 실험을 네 번째 세대까지 동일하게 반복하였다. 그런 후 다섯 번째 세대에 태어난 새가 자라서 산란기를 맞게 될 때 다시 집을 지을 수 있는 풀을 제공하였는데 그 새는 본능적으로 그림에 있는 둥지와 같은 집을 만들기 시작하였다. 어떻게 한 번도 본 적이 없고 어떻게 짓는지 모르는 집을 설계도를 보듯 그렇게 완벽하게 지을 수 있을까?

여기에서 우리는 컴퓨터를 만들고 그 컴퓨터가 어떻게 작동될지 기록한 펌웨어와 위버새를 창조하시고 자연계에서 어떻게 살아갈지 본능 속에 기록한 창조주의 설계가 동일한 개념임을 알 수 있다.

iii. 앵무조개의 집 짓기

앵무조개(Nautilus)는 열대지방 바다에서 발견되는 손바닥만 한 크기의 조개이다. 앵무조개의 껍질은 완벽한 로그 나선(Logarithmic spiral)을 따르는 아름다운 껍질을 만들어 살고 있다. 어떻게 된 일일까? 누구도 앵무조개가 고등학교 수준의 수학을 배워 집을 그렇게 지었을 거라고는 생각하지는 않을 것이다.

완벽한 로그 나선 형태를 가진 앵무조개의 껍질

앵무조개가 어떻게 해서 이런 멋진 껍질을 만드는지 알아보자. 먼저 앵무조개는 등 부분의 맨틀이라는 곳에서 칼슘이 풍부한 액체를 분비하여 이전에 있던 껍질보다 지름이 조금 더 큰 원형의 껍질을 만들어 붙인다(expand). 그런데 단순히 지름이 조금 더 큰 원들을 붙여 가면 일직선으로 나아가 나팔과 같은 모양이 되며 동그랗게 말린 껍질 모양은 되지 않는다. 여기서 앵무조개는 기술을 발휘하여 원형의 껍질을 만들어 붙일 때 중심에서 가까운 원의 아랫부분보다 원의 윗부분에 분비물을 조금 더 분비한다. 그렇게 되면 회전(rotate) 효과를 가져와 쌓이는 원들이 직진하지 않고 로그 나선 형태의 껍질이 만들어진다.

여기서 우리는 다음과 같은 의문을 가진다. 앵무조개가 어떻게 하여 껍질을 만들어야 한다는 걸 아는가? 껍질 없이 살 수도 있는데 말이다. 앵무조개는 칼슘이 풍부한 액체를 분비하여 집을 짓는데 어떻게 하여 그런 액

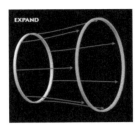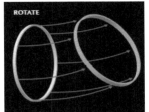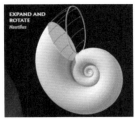

확장과 회전이라는 두개의 수학적 원리를 따라 앵무조개의 껍질이 만들어지는 모습

체가 필요한지 알았을까? 분비하는 액체의 농도, 분비 속도, 액체에서 딱딱한 껍질로 경화시키는 방법 등 어떻게 그런 여러 과정들을 알았을까?

앵무조개의 의지인가 아니면 본능 속에 기록된 순서에 따라 유전자 발현이 조절되어 어떤 세포에서는 칼슘 액체가 분비되고 또 다른 세포에서는 분비된 액체가 경화되는 단백질이 생성되는 등 여러 과정들이 조절되는 것일까?

이것에 대한 해답을 찾기 위해 3-D 프린터(=앵무조개)로 앵무조개 껍질을 만들어 본다고 가정하자. 3-D 프린터를 처음 구입하면 아무것도 하지 않는다. 앵무조개인 3-D 프린터를 작동시키기 위해서는 3-D 프린터에 쓰이는 G 프로그래밍 언어로 어떤 순서와 과정과 거쳐 껍질을 만들지 지시하는 프로그램을 짜야 한다. 또한 앵무조개 껍질이 만들어지는 물질을 액체 상태로 잉크 카트리지에 주입하여야 된다. 그런 후 완성된 프로그램을 입력하여 3-D 프린터를 구동하면 프린터는 입력된 프로그램이 지시하는 대로 잉크의 분사 속도를 조절해 조금씩 껍질을 만들어 나간다.

이 비유에서 알 수 있듯이 3-D 프린터인 앵무조개는 자기 의지대로 껍질을 만들지 못하고 본능 속에 입력된 G 프로그래밍 언어 같은 집 짓기 프로그램이 지시하는 대로 껍질을 만들어 낸다. 이 사실은 앵무조개의 껍질이 우연의 산물이 아니라 창조주께서 앵무조개의 본능에 내장해 놓으신 집 짓기 프로그램의 산물임을 나타낸다.

h. 자연계에 나타난 수학적 원리로 본 창조론

"수학은 하나님께서 우주를 쓰실 때 사용하신 알파벳이다."

- 갈릴레오 갈릴레이

우리가 자연계나 동식물들의 자라는 형상을 자세히 들여다보면 많은 부분에서 수학적 원리를 발견할 수 있다. 자연계에 나타난 수학적 원리들 중 대표적인 것들은 황금비, 황금각, 피보나치 수열, 로그 나선, 프랙탈 등이다. 먼저 이 수학적 원리들을 간단히 알아보도록 하자.

· 황금비: 어떤 두 수의 비율이 그 합과 두 수 중 큰 수의 비율과 같도록 하는 비율로 그 값은 무리수이고 근사값은 1.618 정도가 된다.

· 황금각: 원의 긴 원호와 짧은 원호가 황금비를 이룰 때 형성되는 각으로 무리수이며 근사값은 137.51도가 된다.

· 피보나치 수열: 첫째 및 둘째 항이 1이며 그 뒤의 모든 항은 바로 앞 두 항의 합인 수열이다(예: 1, 1, 2, 3, 5, 8, …).

· 로그 나선: 극좌표상의 한점에서 그은 접선이 일정한 각도를 이루는 점들을 연결한 나선이며 피보나치 나선과 비슷한 형상이다.

· 프랙탈: 도형의 일부분을 확대해 보았을 때 전체의 모습을 가지고 있고 또 그 속에 있는 부분을 확대해 보았을 때도 전체의 모습을 반복적으로

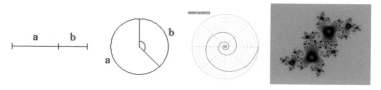

좌로부터 황금비, 황금각, 로그 나선, 프랙탈

갖는 기하학적 구조를 말한다.

이런 수학적 원리들이 자연계에서는 실제로 어떻게 발견되는지 알아보자.

엽서학(Phyllotaxis)은 식물의 줄기에서 잎이 나는 잎차례를 연구하는 학문이다. 엽서학에 의하면 잎은 나사의 톱니같이 나선상으로 돌아서 나는데 잎이 얼마만큼 돌아서 처음에 난 잎과 같은 방향에서 나는지 나타내는 것을 개도라 한다. 예를 들어 다음 그림의 위쪽에 있는 것처럼 잎이 1-2-3-4-5 순서로 나면서 두 바퀴 돌아 6번째에서 1번과 같은 방향에서 다시 잎이 나올 경우 두 바퀴인 720도를 5번 만에 도니까 개도는 720/5=144도이고 같은 그림의 아래쪽에 있는 것처럼 잎이 1-2-3-4-5-6-7-8 순서로 잎이 나면서 세 바퀴 돌아 9번째에 1번 잎의 방향에서 다시 잎이 시작되면 잎은 3바퀴인 1080도를 8번 만에 도니까 개도는 1080/8=135도이다. 두 예처럼 잎이 2바퀴를 5번 만에 돌면 2/5 잎차례라 부르고 3바퀴를 8번 만에 돌면 3/8 잎차례라 부른다.

2/5 잎차례(위)와 3/8 입차례(아래)

그런데 식물들의 잎은 아무런 순서대로 나는 게 아니라 잎차례가 1/2, 1/3, 2/5, 3/8, 5/13… 순서로 나는데 이것을 자세히 보면 분모와 분자가 모두 피보나치 수로 되어 있다는 것을 알 수 있다. 또한 분모는 분자 피보나치 수의 다음다음 순서에 나오는 피보나치 수가 되며 잎차례의 수가 많아지면 개도는 황금각도인 137.51도에 접근한다. 개도가 황금각에 접근하면 잎차례의 중복이 최소가 된다. 이렇게 잎차례의 중복이 최소가 되면 어떤 잎이든지 햇빛을 골고루 받을 수 있고 비나 이슬이 잎으로 잘 모아져서 줄기를 타고 뿌리로 내려와 그 식물의 생존에 필수적인 물을 잘 공급할 수 있는 특징을 지니게 된다.

나뭇가지나 풀잎이 자라는 순서도 자세히 보면 피보나치 수열을 따르는데 그중 대표적인 예가 산톱풀이다. 아래 그림에 있는 산톱풀은 처음 가지가 하나 나온 후에 2개로 되었다가 그다음은 3개, 5개, 8개, 13개의 순서로 가지가 생기며, 각 가지에 달린 잎의 개수도 피보나치 수열을 따라 1개, 1개, 2개, 3개, 5개, 8개의 순서로 달린다.

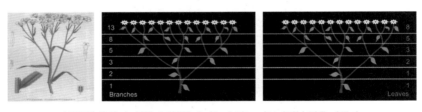

산톱풀(좌)의 가지(중)와 잎(우)이 나는 순서는 피보나치 수열을 따른다.

식물은 잎사귀뿐만 아니라 싹이나 열매 그리고 씨앗도 피보나치 수열의 지배를 받는다. 그 몇 가지 예를 살펴보자. 다음 그림은 노르웨이 전나무가 어떤 법칙에 따라 싹을 내는지 보여 주는 그림이다. 가장 최근에 난 싹과 바로 전에 난 싹 사이의 각도를 중심에서 재어 보면 황금각인 137.5도가 된다. 또한 해바라기 씨앗도 인접한 두 씨앗의 각도가 언제나 황금각인 137.5도를 이루고 있다. 이렇듯 씨앗이나 싹이 황금각을 이루면 겹침이 없고 주어진 면적에서 가장 많은 수의 싹을 가질 수 있다. 또 한 가지 재미있는 사실은 황금각을 이루어 태어난 씨앗이나 열매의 모습을 자세히 살펴보면 시계 방향과 반시계 방향으로 나선형을 이루면서 감겨 있음을 볼 수 있는데 이렇게 감겨 있는 나선의 수를 세어 보면 언제나 피보나치 수열에서 나오는 인접한 두 숫자만을 가지게 된다.

노르웨이 전나무. 황금각으로 싹이 돋으면서 방사상으로 퍼져나가는 모습

　예를 들면 다음 그림에 있는 데이지 꽃은 시계 방향으로 21번, 반시계 방향으로 34번, 솔방울은 반시계 방향으로 8번, 시계 방향으로 13번, 파인애플은 시계 방향으로 8번, 반시계 방향으로 5, 13번, 카울리플라워는 시계 방향으로 5번, 반시계 방향으로 8번, 로마네스크 브로콜리는 시계 방향으로 13번, 반시계 방향으로 21번 감겨 있다.

　이렇게 피보나치 수열의 조합으로 감겨 있으면 열매나 씨앗의 전체 형태가 어릴 때의 모습과 다 자라서의 모습이 같은 모양을 유지하게 된다. 데이지 꽃을 예로 들면 어릴 때 둥근 데이지 꽃이 다 자랐을 때도 세모나 네모

데이지 꽃, 솔방울, 파인애플, 카울리 플라워, 그리고 로마네스크의 배열.
모두 인근한 두 피보나치 수열의 조합으로 감겨 있음을 볼 수 있다.

모양으로 모양이 변형되지 않고 여전히 아름다운 둥근 모양을 지니게 된
다. 그 이유는 피보나치 수의 조합으로 생긴 나선들이 로그 나선 형태를 이
루고 있기 때문이다.

　로그 나선을 따르는 성장 곡선은 식물뿐만 아니라 사람을 비롯한 여러 동
물에게서도 찾아볼 수 있는데 사람의 귓바퀴, 귀속에 있는 달팽이관, 사람
의 손가락, 해마의 꼬리, 산양의 뿔, 그리고 앵무조개를 비롯한 여러 종류의
조개와 달팽이 껍질 등이 그것이다. 이렇게 동식물들의 여러 기관이나 형
상들이 로그 나선 형태로 성장해야 하는 중요한 이유가 있는데 그것은 로그
나선으로 성장할 때만 어릴 때의 모습과 똑같은 모습을 유지한 채 자라며

그 기관의 지니고 있는 고유한 기능이 커서도 잘 유지될 수 있기 때문이다.

예를 들어 사람의 귓바퀴는 소리를 잘 모으고 귀속의 달팽이관은 저음을 충분히 들을 수 있는 세기로 증폭해 주는 최적의 기하학적 모양을 지니고 있다. 그런데 만일 이런 중요한 기관들이 자라남에 따라 그 모양이 달라진다면 어떻게 될까? 그럴 경우 어릴 때는 귀가 잘 들리지만 어른이 되면 귀가 들리지 않게 되는 난감한 상황에 부딪히게 된다. 또한 로그 나선을 따라 자라는 손가락 마디들이 어릴 때는 주먹을 자유롭게 쥘 수 있을 만큼 적당한 비율이었지만 자라면서 로그 나선 형태를 벗어난다면 주먹조차 쥐기 힘든 모양의 손을 가지게 될 것이다.

로그 나선을 따라 성장하는 귀바퀴, 달팽이관, 앵무조개, 손의 뼈마디

자연계에서 발견되는 또 다른 수학적 원리를 프랙탈 구조인데 고사리 잎, 나뭇가지, 로마네스크 브로콜리, 그리고 카울리 플라워 등에서 발견된다. 우리가 고사리 잎을 자세히 살펴보면 잎의 전체적인 모양이 그보다 작은 하나하나의 잎에 복사되어 나타나 있고 또 그보다 점점 더 작은 잎들에서도 전체 모양이 반복되는 구조를 볼 수가 있다. 이것이 프랙탈 패턴이다.

프랙탈 구조는 식물에서뿐 아니라 우리 몸의 순환계, 신경계, 소화기관 등에서도 발견된다. 순환계는 신선한 산소와 영양분을 몸의 모든 세포에

프랙탈 구조를 가진 고사리 잎(좌)과 로마네스크 브로콜리(우)

신속하게 공급하는 역할을 해야 한다. 그러기 위해서는 몸속의 수많은 세포까지 혈관이 분포되어야 하는데 만일 이것을 보통의 방식으로 설계한다면 우리 몸을 혈관으로만 완전히 채워야만 할 것이다. 그런데 우리의 혈관이 프랙탈 구조를 갖게 만든다면 최소한의 체적을 차지하면서도 최대한의 면적을 가지게 된다. 또한 혈관이 프랙탈 구조를 가질 경우 심장의 강력한 박동을 크고 작은 수많은 혈관으로 분산시키면서 효율적으로 완충시키는 역할을 해 줄 수 있다.

인간의 심폐기관도 프랙탈 구조를 가지고 있는데 폐의 큰 가지는 작은 가지로 갈라지며 작은 가지는 그보다 점점 더 작은 가지로 갈라져 마지막으로 폐포에 이르게 된다. 이렇게 프랙탈 구조로 형성된 폐의 표면적은 테니스 코트장만 한 크기가 되어 폐로 들어온 공기에서 최대한의 산소를 흡수하게 만든다. 소화관 내부도 영양분을 효율적으로 흡수하기 위해 미세한 주름을 가진 프랙탈 구조로 되어 있는데 그 표면적은 테니스 코트의 4배 정도가 된다.

이제까지 살펴본 대로 자연계의 많은 동식물들에 수학적 원리가 새겨져 있음을 알 수가 있다. 해바라기나 고사리가 수학을 잘하여 황금각을 따라 씨앗을 맺고 프랙탈 구조를 따라 잎을 내었다고 생각하지는 않을 것이다.

그렇다면 해답은 무엇일까? 우연에 의한 결과라기보다는 창조주 하나님의 수학적 설계에 의한 결과라고 보는 게 더 타당할 것이다.

> "주의 손가락으로 만드신 주의 하늘과 주께서 베풀어 두신 달과 별들을 내가 보오니
> 사람이 무엇이기에 주께서 그를 생각하시며 인자가 무엇이기에 주께서 그를 돌보시나이까
> 그를 하나님보다 조금 못하게 하시고 영화와 존귀로 관을 씌우셨나이다
> 주의 손으로 만드신 것을 다스리게 하시고 만물을 그의 발 아래 두셨으니
> 곧 모든 소와 양과 들짐승이며
> 공중의 새와 바다의 물고기와 바닷길에 다니는 것이니이다
> 여호와 우리 주여 주의 이름이 온 땅에 어찌 그리 아름다운지요"
> (시편 8:3-9)

신앙으로의 초대

　나는 이 책을 마무리하며 시편 8장의 일부를 인용하였다. 시인은 하늘과 천체를 관조하면서 그 만물을 만드신 창조자를 찬양하며 결국은 인간인 자신이 누구인지를 돌아보며 읊은 시이다. 이 책에서 우리는 광대한 우주로부터 지구, 그리고 특히 지구에서 모든 생명체가 존재하는 것은 결코 우연의 결과가 아니라 창조주 하나님의 지혜와 능력으로 지어진 것들이라는 것을 분명하게 보았다. 여기에서 우리 마음 깊은 곳으로부터 떠오르는 당연한 한 가지 질문은 바로 "왜"이다. 하나님께서 왜 우주를 창조하셨으며 그리고 이 지구상에 생명체를 지으시고 나를 인간으로 만드셔서 살아가도록 하셨을까?

　이 질문에 대하여 각 사람은 나름대로 다양하게 생각하고 대답할 수 있겠지만 정답은 이 모든 것을 지으신 분만이 알 것이다. 우리는 그분이 이미 천지 창조 이야기를 시대를 초월하여 읽는 이들이 이해하도록 성경에 기록하여 놓았다는 것을 보았기에 성경에서 그 답을 찾아야 할 것이다. 창세기를 조금 더 읽어 나가면 하나님은 천지 창조로 시작하여 지상에 식물, 어류, 조류, 동물들을 다 창조하신 후에 마지막 날 자신의 형상으로 인간을 창조하심으로 창조사역을 마무리하신 것을 볼 수 있다. 하나님께서 자신의 형상으로 인간을 창조하심은 영원하신 하나님께서 인간을 영원한 존재로 교제하고자 만드셨다는 것을 의미한다.

인간은 하나님의 가장 위대한 창조물임에도 불구하고 어떤 연유에선지 하나님을 모르고 살아가고 있다. 성경에서 하나님은 이렇게 말씀하신다. "땅의 모든 끝이여 내게로 돌이켜 구원을 받으라. 나는 하나님이라 다른 이가 없느니라."(이사야 45:22) 하나님은 사람들을 구원하여 하나님의 나라로 들어오도록 초청하고 있다. 이 길이 하나님과의 영원한 교제로 들어가는 길이다. 예수 그리스도께서는 하나님의 나라를 설명하기 위하여 지상의 삶을 좋은 곡식을 거두기 위하여 가꾸는 밭이요, 좋은 물고기를 그물로 잡기 위한 바다와 같은 곳으로 비유하였다.(마태복음 13장) 좋은 곡식과 물고기는 수확되겠지만 나쁜 가라지와 못된 고기들은 풀무불에 던져지며 내버려질 것이라고 말씀하고 있다. 인간이 지구상에 존재하는 짧은 인생은 영원한 하나님의 나라로 들어가기 위하여 준비되는 기간이기도 하며 놓칠 수 없는 기회이기도 하다.

하나님의 구원의 길이 성경의 중심 내용이며 우리는 그것을 복음이라고 부른다. 나는 간단하게 복음을 소개하며 여러분을 신앙으로 초대하고자 한다.

철학자이자, 물리학자이자, 수학자이자, 신학자인 파스칼은 그의 저서 《팡세》에서 사람들을 진리로 이끌려고 기독교의 교리를 설명하며 변증 하였다. 그는 책에서 인간은 광활한 우주에 비하면 겨우 하나의 점과 같은 갈대처럼 약한 존재지만 그것은 '생각하는 갈대'라는 유명한 말을 남겼으며, "공간에 의해서 우주는 나를 감싸고, 하나의 점으로서 나를 삼킨다. 그러나 사고에 의해서 나는 우주를 감싼다."라는 명언도 남겼다. 파스칼은 '인간의 기쁨은 창조주 신을 아는 것'이라고 하였으며 신의 존재에 대해 다음과 같은 파스칼의 내기(Pascal's wager)를 제시하였다.

진실 여부 믿음 여부	하나님께서 존재함	하나님께서 존재하지 않음
하나님의 존재를 믿음	천국과 영생 (얻음)	바르게 세상을 삶 (잃을 게 없음)
하나님의 존재를 믿지 않음	지옥 (손실)	무신론자로 살아감 (잃거나 얻을 게 없음)

지금까지 우리는 천지 만물이 결코 우연에 의하여 존재하는 것이 아니라 창조주 하나님의 손길에 의해 창조되었다는 것을 살펴보았다. 따라서 우리에게 주어진 파스칼의 내기에는 두 가지 선택이 있다. 하나님의 존재를 믿고 영원한 하나님의 나라인 천국으로 들어가는 길을 택하든지 아니면 믿지 않고 영원한 멸망의 길인 지옥으로 가는 경우이다. 이 두 가지 선택 중 지혜로운 자라면 어느 누구라도 첫 번째 선택을 택할 것이다. 천국과 지옥은 여러분에게 신화처럼 들릴지 모르겠지만 하나님의 말씀인 성경에 의하면 반드시 존재한다.

성경 고린도후서 12장 2-4절을 보면 다음과 같은 구절이 나온다.

"내가 그리스도 안에 있는 한 사람을 아노니 십 사 년 전에 그가 셋째 하늘에 이끌려 간 자라 (그가 몸 안에 있었는지 몸 밖에 있었는지 나는 모르거니와 하나님은 아시느니라)

내가 이런 사람을 아노니 (그가 몸 안에 있었는지 몸 밖에 있었는지 나는 모르거니와 하나님은 아시느니라)

그가 낙원으로 이끌려가서 말할 수 없는 말을 들었으니 사람이 가히 이르지 못할 말이로다"

위 경험을 고백한 사람은 사도 바울로서 그는 그리스도인이 되기 전에 열심 있는 유대교인이었다. 그는 예수님께서 십자가에서 돌아가시고 부활 승천하신 후 믿음을 가지게 된 초기 기독교의 성도들을 체포하고 죽이는 일에 가담한 사람이다. 그는 이 일을 위하여 다마스커스로 가던 중에 예수님을 만나 극적으로 회심하게 되었고 이후에 열정적으로 예수님을 증거하는 전도자가 되었다. 그의 고백을 보면 천국 낙원은 셋째 하늘인 초공간에 위치하며 육으로는 못 가고 영으로만 갈 수 있는 것으로 생각된다. 또한, 삼차원에 살았던 바울이 이해하지 못하는 놀랍고도 신비로운 경험을 하였지만 사람들에게 말해서는 안 되는 큰 비밀이 담겨 있는 듯하다.

하나님께서는 모든 사람들을 영원한 생명을 얻고 천국에서 살 수 있도록 초청하고 계신다. 이 일을 위하여 하나님께서는 영원 전부터 함께 계셨던 예수 그리스도를 이 땅에 보내셨고 인류의 역사는 예수님이 오시기 전 BC(Before Christ)과 오신 후 AD(Anno Domini: In the year of the Lord)로 나누어졌다.

이 땅에 오신 예수님은 세상의 인간들 가운데 어떤 이도 행할 수 없는 수많은 이적을 행하셨고 하늘에서 오신 분만이 할 수 있는 가르침을 주셨다. 죽은 나사로를 살리시거나, 날 때부터 눈먼 자와 같은 장애인이나 병자를 치유하시거나, 오병이어로 수천 명을 먹이시거나, 바람과 파도를 다스리시거나, 물 위로 걸으시는 등 여러 이적을 행하셨고, 마귀들도 그 앞에 떨며 순종하였다. 예수님은 죄로 말미암아 고통 중에 있는 죄인의 죄를 용서하시고 질병에서 치유하심으로 하나님만이 할 수 있는 죄 용서의 권세도 가지신 분임을 보여 주셨다. 이러한 이적들은 오직 생명의 주, 자연 만물의 주만이 할 수 있는 이적이었고 이러한 이적들과 천상의 가르침을 통하여 예수님 자신이 진정으로 하나님께로부터 오신 구원자이심을 드러내어 사람들로 믿을 수 있는 분명한 증거를 주셨다.

예수님이 이 땅에 오신 궁극적인 목적은 우리를 죄에서부터 구원하시기 위해서이다. 죄란 최초의 인간인 아담과 이브의 타락으로 인한 죄성이 모든 인류에게 유전되어 거룩하신 하나님에게서 인간은 멀어졌으며, 또한 하나님 없는 자기 중심성의 삶에서 나오는 불신앙과 거짓, 탐욕, 교만, 음행, 분노, 시기, 질투 등의 죄로부터 자유로운 사람은 한 명도 없다. 이 죄로 인해 하나님과 인간 사이의 관계는 단절되었다. 하지만 당신의 형상대로 만들어진 인간을 너무나 사랑하시는 하나님께서는 이 무서운 죄의 문제 해결을 위해 예수 그리스도를 통하여 우리를 구원하기 위하여 찾아오셨다. 의로우신 예수 그리스도는 십자가에서 죄인들인 우리의 모든 죄짐을 지시고 죄의 대가인 죽음을 대신 치러 주셨다. 그리고 장사한 지 사흘 만에 부활하심으로 인간의 죽음을 정복하여 주셨고 제자들이 보는 가운데 하늘에 승천하셔서 영원한 주님으로 살아서 통치하고 계신다.

따라서 누구든지 자신이 하나님 앞에 죄인임을 고백하고 그의 죄를 위해 십자가에서 대신 돌아가시고 부활하신 예수님을 구주로 영접하면 죄 용서를 받고 하나님의 영으로 말미암아 하나님의 자녀로 거듭 태어난다. 거듭난 자는 영생을 얻게 되며 하나님의 나라의 백성이 된다. 이것이 복음이다. 너무 큰 은혜라 쉽게 믿기지 않지만 사실이다. 이 복음이 우리가 우리의 죄로 인하여 멀어졌던 하나님과의 관계를 올바르게 회복시킨다.

복음을 성경 원어로는 유앙겔리온(euangelion: εὐαγγέλιον) 영어로는 gospel이라고 하고 또 good news라고도 한다. 유앙겔리온은 복음서를 기록할 당시에 제국에서 황제가 권좌에 오를 대관식을 한다는 소식이나 황태자가 태어난 소식을 백성에게 전하여 줄 때, 국가가 흥망의 기로에 선 전쟁 중에 있다고 할 때 만약 그 전쟁에서 패할 시에는 국민 모두 죽임을 당하거나 생명을 유지한다 할지라도 적의 노예로 전락할 수밖에 없는 전쟁에서 승리하였을 시 전해주는 승전보를 유앙겔리온이라고 하였다. 바로 온 백성에게 전하는 큰 기쁨의 소식이다.

구원자이신 예수님의 오심 자체가 인류에게는 큰 기쁨의 소식이기에 예수님의 생애를 기록한 성경을 유앙겔리온 즉 복음이라 부르고 또 하나님께서 인류에게 예수님의 삶, 죽음, 부활을 통하여 열어 놓은 구원의 길을 유앙겔리온, 복음이라고 부른다. 인간으로서는 죄 문제로 말미암아 어쩔 수 없이 영원한 멸망으로 갈 운명에 처한 인류가 죄 사함을 받고 그에 더하여 천국 영생을 선물로 받으니까 이것보다도 더 좋은 소식은 없을 것이다. 그래서 예수님의 생애 자체가 또 그분이 이루신 구원의 길을 복음 즉 기쁜 소식이라고 한 것이다.

영생은 하나님께서 우리에게 주시는 은혜의 선물이기 때문에 인간의 행위로서는 결코 얻어질 수가 없다. 이 영생의 선물을 받기 원한다면 가까운 교회로 나가 예수님을 구주로 영접하고 싶다고 목사님께 말씀드리기 바란다. 목사님께서 예수님의 하신 일과 아울러 믿음의 생활에 대하여 잘 알려 주실 것이다. 예수님을 구주로 영접하고 나면 불안했던 마음에 천국의 평안이 임할 것이다. 예수님이 나의 주인이신데 무엇이 두려울 것인가? 또한, 세상을 보는 눈이 달라지고 삶의 우선순위가 바뀔 것으로 확신한다. 땅 위의 것만 추구하다가 허무하게 끝나는 인생이 아니라 하늘의 영원한 것을 추구하고 나아가는 새로운 인생으로 변화될 줄 믿는다. 이번 주일이 여러분에게 이런 새로운 영적 세계를 안내하는 인생 최고의 값진 주일이 되길 기대해 본다.

"주 예수 그리스도를 믿으라. 그리하면 너와 네 집이 구원을 받으리라"(사도행전 16:31)

나가며

이 책에서 여러 자료들을 통해 독자들에게 우리가 현존하고 있는 이 광활한 우주와 그 속에 존재하는 우리가 누구인지를 보여 주려고 시도하였다.

성경 창세기에 기록된 우주의 창조 과정이 신화 속의 이야기가 아니라 현대 천문학이 밝혀낸 사실들과 일치함을 보여 주었고 생명체의 생존을 위해 우리 우주가 미세 조정되어 있음을 보여 주었다.

광활한 우주 속의 작은 푸른 점에 지나지 않는 지구가 생명체의 보존을 위하여 최적의 조건으로 준비되고 유지되어 있음도 소개하였다.

생명체의 형성이 자연적으로 발생 가능한지 여부와 진화론의 문제점들 그리고 동물의 본능과 지적 설계로만 이해될 수 있는 입자 물리학과 자연계에서 보여지는 수학적 원리들을 살펴보았다.

이 책의 내용들을 통하여 우주, 지구, 인간의 존재가 우연의 결과인지, 아니면 놀라운 지적인 창조주의 손길이 있어야만 가능한지를 다시 한번 생각하여 보는 기회가 되었으면 한다.

또한 믿는 자로서 창조론에 확신이 없던 사람들이 이 책을 통해 확신을 가지게 되고 이제껏 진화론을 믿었던 사람들도 창조론을 심각히 고려해 보았으면 하는 것이 이 책의 목적 중 하나이다.

마지막으로 창조주 하나님의 말씀을 성경에서 인용해 본다:

"창세로부터 그의 보이지 아니하는 것들 곧 그의 영원하신 능력과 신성이 그 만드신 만물에 분명히 보여 알게 되나니 그러므로 저희가 핑계치 못할 지니라"(로마서 1:20)

참고문헌

❖ 1장

· 제자원 (2002), 옥스퍼드 원어성경대전, *성서교재(주)*, 창세기 제1-11장
· 빅뱅 이전, 또 다른 우주가 존재했다?! 우주먼지의 현자타임즈, 2/24/2024, https://www.youtube.com/watch?v=RckLkaVzFe0
· A Big Ring on The Sky: AAS 243rd Press conference. Alexia M. Lopez, 1/11/2024, https://www.youtube.com/watch?v=fwRJGaIcX6A
· Bogdan, A., et al. (2024), "Evidence for heavy-seed origin of early supermassive black holes from a z ≈ 10 X-ray quasar", *Nature Astronomy*, 8, 126
· Bonanno, A., & Fröhlich, H.-E. (2015), "A Bayesian estimation of the helioseismic solar age", *Astronomy & Astrophysics*, 580, A130
· Karim, M. T., & Mamajek, E. E. (2017), "Revised geometric estimates of the North Galactic Pole and the Sun's height above the Galactic mid-plane", *MNRAS*, 465, 472
· Lopez, A. M., et al. (2022), "Giant Arc on the sky", *MNRAS*, 516, 1557
· Lopez, A. M., Clowes, R. G., & Williger, G. M. (2024), "A Big Ring on the Sky", *arXiv:2402.07591*
· Lyra, W., et al. (2023), "An Analytical Theory for the Growth from Planetesimals to Planets by Polydisperse Pebble Accretion", *The Astrophysical Journal*, 946, 60
· Penrose, R. (2016), *The Emperor's New Mind*, Oxford University Press, Oxford, United Kingdom
· Perotti, G., et al. (2023), "Water in the terrestrial planet-forming zone of the PDS 70 disk", *Nature*, 620, 516
· Sandor, Zs., et al. (2024), "Planetesimal and planet formation in transient dust traps", *Astronomy & Astrophysics*, in press
· Schiller, M., et al. (2020), "Iron isotope evidence for very rapid accretion and differentiation of the proto-Earth", *Science Advances*, 6, 7

· Tonelli, G. (2019), *Genesis: The story of how everything began*, Farrah, Straus and Giroux, New York, pp 19-44

· Tryon, E. P. (1973), "Is the Universe a vacuum fluctuation", *Nature*, 246, 396

· Vorobyov, E. I., et al. (2024), "Dust growth and pebble formation in the initial stages of protoplanetary disk evolution", *Astronomy & Astrophysics*, 683, A202

· Yi, S., et al. (2001), "Toward Better Age Estimates for Stellar Populations: The Y2 Isochrones for Solar Mixture", *The Astrophysical Journal Supplement Series*, 136, 417

❖ **2장**

· Comins, N. F. (1993), *What If the Moon Didn't Exist?* HarperCollins Publishers Inc., New York, NY

· Gonzalez, G. & Richards, J. W. (2004), *The privileged planet: How Our Place in the Cosmos Is Designed for Discovery*, Regnery Publishing, Inc.

· Lineweaver, C. H., et al. (2004), "The Galactic Habitable Zone and the Age Distribution of Complex Life in the Milky Way", *Science*, 303 (5654), 59

· Lüthi, D. et al. (2008), "High-resolution carbon dioxide concentration record 650,000-800,000 years before present", *Nature*, 453, 379

· Narasimha, R., et al. (2023), "Making Habitable Worlds: Planets Versus Megastructures", *arXiv:2309.06562*

· Ward, Peter D. & Brownlee, Donald (2000), *Rare Earth: Why Complex Life is Uncommon in the Universe*, Copernicus Books (Springer Verlag)

❖ **3장**

· 오쿠모토 다이사부로 (2006), 파브르 곤충기 7 - 개미와 파리, 이종은 옮김, (주) 미래사

· 윤철원 (2022), "진핵세포의 조상은 과연 원핵세포인가?", *Origin Research Journal*, Vol. 2, No. 2, 6

· 이승엽 (2006), "필립 존슨과 지적 설계의 역사", *ID 지적설계 연구회*, http://www.intelligentdesign.or.kr/zb/view.php?id=c04&page=2&sn1=&divpage=1&sn=off&ss

=on&sc=on&select_arrange=subject&desc=asc&no=33

· 장완진 (2006), "눈의 기능성 단백질체학." *생화학분자생물학회뉴스*. 26 (3), 165-171, http://www.ibric.org/myboard/read.php?Board=news&id=119420

· 죠나단 (2006), "Why Gene? - 7) 시각 싸이클 (Visual Cycle)", http://kffb.org/15_Menu/sub03_view.asp?SelSeq=3863&NowPage=713

· Abelson, P. H. (1966), "Chemical Events on the Primitive Earth", *Proc Nat Acad Sci*, 55, 1365

· Bernhardt, H. S. (2012), "The RNA world hypothesis: the worst theory of the early evolution of life (except for all the others)", *Biology Direct*, 7, Article number: 23

· Chyba, C. F., & Sagan, C. (1992), "Endogenous production, exogenous delivery and impact-shock synthesis of organic molecules: An inventory for the origins of life". *Nature*, 355, 125

· Cui, R., "The transcription network in skin tanning: from p53 to microphthalmia", https://www.abcam.com/index.html?pageconfig=resource&rid=11180&pid=10026

· Danielson, M. (2020), "Simultaneous Determination of L- and D-Amino Acids in Proteins", *Foods*, 9 (3), 309

· Higgins, M. (2014), "Bear evolution 101", *The Whisker Chronicles*, https://thewhis-kerchronicles.com/2014/01/03/bear-evolution-101/

· Kasting, J. F. (1993). "Earth's Early Atmosphere." Science, 259(5097), 920

· Maslin, M. (2016), "Forty years of linking orbits to ice ages", *Nature*, 540 (7632), 208

· Miller, S. L. (1953), "A Production of Amino Acids under Possible Primitive Earth Conditions", *Science*, 117, 528

· Mumma, M. M., et al. (1996), "Detection of Abundant Ethane and Methane, Along with Carbon Monoxide and Water, in Comet C/1996 B2 Hyakutake: Evidence for Interstellar Origin", *Science*, 272 (5266), 1310

· Niedźwiedzki, G., Szrek, P., Narkiewicz, K., Narkiewicz, M., & Ahlberg, P. E. (2010). "Tetrapod trackways from the early Middle Devonian period of Poland", *Nature*, 463(7277), 43

· Pinto, J. P., Gladstone, G. R., & Yung, Y. L. (1980), "Photochemical Production of Formaldehyde in Earth's Primitive Atmosphere", *Science*, 210, 183

· Pinto, O. H., et al. (2022), "A Survey of CO, CO2, and H2O in Comets and

Centaurs", *Planet. Sci. J.*, 3, 247

· RockSea & Sarah (2016), https://www.nature.rocksea.org/birds/slides/baya_weaver_004.php

· Russo, D., et al. (2016), "Emerging trends and a comet taxonomy based on the volatile chemistry measured in thirty comets with high resolution infrared spectroscopy between 1997 and 2013", *Icarus*, 278, 301

· Sanjuán, R., Moya, A., & Elena, S. F. (2004), "The distribution of fitness effects caused by single-nucleotide substitutions in an RNA virus", *Proc Natl Acad Sci*, 101(22), 8396

· Trail, D., et al. (2011), "The oxidation state of Hadean magmas and implications for early Earth's atmosphere", *Nature*, 480, 79

· Wikipedia, Mutation (Distribution of fitness effects)

· Wikipedia, Visual phototransduction

· Yang, P.-K. (2016), "How does Planck's constant influence the macroscopic world?", *Eur. J. Phys.*, 37, 055406

· Zahnle, K. J. (1986), "Photochemistry of methane and the formation of hydrocyanic acid (HCN) in the Earth's early atmosphere", *J. Geophys Res*, 91, 2819

천문학과 생물학적 관점에서 본
창조론

ⓒ 김동찬, 2024

초판 1쇄 발행 2024년 9월 7일

지은이	김동찬
펴낸이	이기봉
편집	좋은땅 편집팀
펴낸곳	도서출판 좋은땅
주소	서울특별시 마포구 양화로12길 26 지월드빌딩 (서교동 395-7)
전화	02)374-8616~7
팩스	02)374-8614
이메일	gworldbook@naver.com
홈페이지	www.g-world.co.kr

ISBN   979-11-388-3505-3 (03230)